논·술·세·계·대·표·문·학

9

폭풍의 언덕

에밀리 브론테 | 이경애 엮음

H 훈민출판사

브론테 세 자매 - 왼쪽부터
앤, 에밀리, 샬럿

The Best World Literature

에밀리 브론테의 초상화

에밀리 브론테가 다녔던 학교 - 영국
요크셔 지방에 있다.

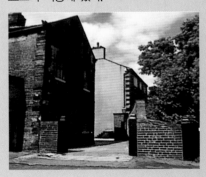

브론테 일가가 사용했던 식탁

에밀리 브론테가 사랑했던 개 키퍼의 모습 ― 그녀가 직접 그린 것이다.

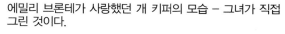

브론테 일가가 살았던 목사관 ― 지금은 박물관이 되었다.

브론테 박물관의 표지

에밀리 브론테가 수놓은 자수

〈폭풍의 언덕〉의 모델이 된 언덕

The Best World Literature

〈폭풍의 언덕〉의 삽화 – 히스클리프와 캐서린

영화 〈폭풍의 언덕〉의 한 장면 – 히스클리프와
병상의 캐서린

구인환(丘仁煥)

서울대학교 사범대학 졸업. 동 대학원 졸업(문학박사)
서울대학교 명예교수, 소설가(현). 서울대학교 사범대학 국어교육연구소 소장(현)
문학과문학교육연구소 소장(현). 국제펜 한국본부 부회장(현)
한국소설문학상(1987). 예술문화대상(1994). 한국문학상(2000)
작품 〈숨쉬는 영정〉, 〈살아 있는 날들〉, 〈일어서는 산〉 외 다수

- **저서** 《한국단편소설의 이해》, 《한국현대소설의 비평적 성찰》,
  《고교생이 알아야 할 소설》, 《고교생이 알아야 할 세계단편소설》 외 다수

윤병로(尹柄魯)

성균관대학교 국어국문학과 졸업. 동 대학원 졸업(문학박사)
성균관대학교 교수, 문학평론가(현). 한국현대소설학회장(현)
한국문예학술저작권협회 이사(현). 한국간행물윤리위원회 위원(현)
한국펜 문학상(1987). 한국문학상(1988). 대한민국문학상(1989)
수필집 《나의 작은 애인들》 외 다수

- **저서** 《현대 작가론》, 《한국 현대 소설의 탐구》,
  《한국 근대 작가 작품 연구》, 《한국 현대 작가의 문제작 평설》 외 다수

홍성암(洪性岩)

고려대학교 국어국문학과 졸업. 한양대학교 대학원 국어국문학과 졸업(문학박사)
동덕여자대학교 교수, 소설가(현). 한국문인협회 회원(현)
한국소설가협회 이사(현). 국제펜 한국본부 소설분과 이사(현). 한민족 문화학회 회장(현)
창작집 《큰 물로 가는 큰 고기》, 《어떤 귀향》 외
대하역사소설 《남한산성》 (전9권) 외 다수

- **저서** 《문학의 이해》, 《현대 작가론》, 《한국 근대 역사소설 연구》 외 다수

기획 · 감수

〈폭풍의 언덕〉의 삽화 – 히스클리프

논술 *세계대표문학*을 펴내며

　21세기의 사회는 **'전자 문명 시대'**라 일컬어질 만큼 오늘날 전자 산업은 우리 생활의 거의 모든 분야에 다양하게 응용되고 있습니다. 출판 분야 또한 예외는 아니어서, 종래의 서책(Book) 대신에 이른바 '전자책(CD-ROM)'의 출간이 최근 들어 날로 증가하고 있습니다.

　그러나 이러한 전자책은 영상 또는 모니터상으로 흥미 위주나 백과사전식 지식을 습득하는 데는 효과적일지 모르지만, 문학 공부를 위해서는 별로 도움이 되지 않습니다. 바꾸어 말하면, 문학 공부는 각 지면마다 살아 숨쉬는 표현 하나하나를 독자 자신의 머리로 음미하면서 작품을 읽어 나가는 가운데, 풍부한 상상력의 배양과 함께 작가의 의도와 그 작품의 내면을 깊이 있게 이해함으로써 이루어지는 것입니다.

　이에 훈민출판사에서는, 자라나는 학생들이 범람하는 영상 매체에 길들여지기 전에, 어려서부터 유명한 세계문학 작품들을 책자를 통하여 감명 깊게 읽고 감상함으로써, 올바른 문학 공부의 기틀을 다지고, 아울러 전인 교육도 할 수 있도록 《논술 세계대표문학(전60권)》을 펴내게 되었습니다.

　작품 선정은, 초·중·고등학교 국어 교과서와 역사 교과서에 실리거나 소개된 문학 작품을 중심으로 하되, 그리스 신화와 성경 이야기 등의 고전에서부터 중세·근대·현대에 이르기까지 세르반테스·셰익스피어·톨스토이 등 세계 유명 작가들의 장·단편 소설들을 엄선·수록하였습니다. 또 세계의 명시도 별권으로 엮었으며, 특히 각 단락마다 **'논술 문제'**를 제시하여, 장차 대학입시를 비롯한 각종 '논술 고사'에 예비 지식을 쌓을 수 있도록 배려하였습니다. 아무쪼록, 이 《논술 세계대표문학(전60권)》이 자라나는 학생들에게 문학 공부의 주춧돌이 되고, 나아가 미래를 살아가는 데 **정신적 자양분**이 되기를 진심으로 바라 마지않습니다.

훈민출판사

차례

폭풍의 언덕

에밀리 브론테

지은이

1818~1848년. 영국 요크셔 지방의 하워스 출생. 아버지는 하워스 교구의 목사였고 어머니가 죽자 이모의 손에 자랐다.

18세 때 시 창작에 손을 대기 시작했고, 그로부터 10년 뒤인 1846년 세 자매가 함께 쓴 시집 《커러와 엘리스와 액톤 벨의 시집》을 익명으로 자비를 들여 출판했지만 반응을 얻지는 못했다. 곧바로 장편소설 〈폭풍의 언덕〉을 출간하지만 이것 역시 인기를 얻지 못했다. 오히려 잔인하고 전통적인 도덕이 부족하며 낭만적인 열정을 찬미한다는 이유로 심한 비판을 받았다. 에밀리 브론테는 자신의 능력을 마음껏 펼쳐 보지도, 인정받지도 못한 채 1848년 폐결핵에 걸려 세상을 떠나고 말았다.

폭풍의 언덕

언덕 위의 집

1801년.

나는 집주인, 즉 이제부터 사귀어 가야 할 외로운 친구를 찾아갔다가 막 돌아오는 길이다. 이 곳은 참으로 아름다운 고장이다! 영국을 통틀어 이렇게 조용한 곳은 찾아보기 힘들 것이다.

"히스클리프 씨죠?"

내가 말에서 내려 인사를 건네자, 그는 고개만 끄덕였다.

"이번에 새로 세를 든 록우드입니다. 제가 드러시크로스 저택에 세들 겠다고 고집을 부려서 언짢지 않으셨나 해서 도착하자마자 찾아뵈었 습니다."

히스클리프는 '워더링 하이츠(폭풍의 언덕)' 라고 불리는 저택에 살고 있었다. 이름에 걸맞게 그 집은 높은 지대에 있어서 사철 지독한 바람 이 불어 대는 모양이다. 집 옆에 있는 몇 그루의 전나무가 제대로 자라 지도 못하고 심하게 휜 것이나, 앙상한 가시나무가 가지를 모두 한쪽 방향으로 뻗고 있는 것으로 보아, 등성이 너머에서 불어 오는 북풍이 얼마나 드센가 짐작할 수 있었다.

내가 탄 말이 앞가슴으로 대문을 자꾸 밀고 있는 것을 보고 그는 비 로소 조끼에 꾹 찔렀던 손을 빼어 문을 열었다. 그리고 내키지 않는 태도로 앞서 걸어가다가 안뜰에 들어서자 버럭 소리를 질렀다.

"조지프, 록우드 씨의 말을 몰고 가! 그리고 포도주를 좀 갖다 줘."

조지프는 나이가 꽤 들어 보이는 하인이었다.

"오, 하느님!"

그는 내 말을 끌고 가며 짜증스러운 목소리로 중얼거렸다.

한 발을 안으로 들여놓자, 현관이나 복도 등도 없이 바로 거실이 나타났다. 큼직한 벽난로에는 음식을 조리한 흔적이라곤 없었고, 반짝이는 구리 냄비며 주석 국자 등도 눈에 띄지 않았다. 그러나 방 한귀퉁이에는 떡갈나무로 만든 커다란 조리대에 은주전자며 술잔, 그리고 큰 주석 접시가 천장까지 닿을 정도로 차곡차곡 쌓여 있었다. 벽난로 위에는 몇 자루의 구식 총과 승마용 권총 두 자루가 놓여 있었다.

바닥에는 매끄러운 흰 돌이 깔렸고, 등받이가 높고 초록색 칠을 한 투박한 의자 외에 무거워 보이는 검은 의자 한두 개가 어둠 속에 웅크리고 있었다. 조리대 아래에는 커다란 밤색 포인터 암놈이 강아지들에게 둘러싸여 누워 있고, 다른 쪽에서도 개들이 어슬렁거리며 다녔다.

방과 가구는 영국 북부 지방 소박한 농가의 것으로 전혀 이상할 바가 없었다. 그러나 히스클리프는 분명 이 집과 어울리지 않았다. 얼굴은 집시처럼 검었으나 차림새와 태도는 신사다웠다.

나는 난로를 사이에 두고 집주인과 마주 앉았다. 어색한 침묵을 메우기 위하여 어미개라도 쓰다듬어 주려고 했다. 그런데 어미개는 귀찮다는 듯 사납게 으르렁거렸다.

"가만히 내버려 두는 게 좋을 거요. 그놈은 지금까지 귀여움을 받아본 적이 없소. 애완용이 아니니까."

그리고 히스클리프는 옆문으로 걸어가더니 조지프를 불렀다.

조지프는 지하실 안에서 뭐라고 말을 했지만 올라오는 기색이 없었으므로 주인이 지하실로 내려갔다. 그래서 결국 나는 혼자 남아 그 사나운 암캐와 역시 사납게 생긴 털북숭이 셰퍼드 두 마리와 마주 보게 되었는데, 그놈들은 나를 심술궂게 감시하고 있었다.

나는 장난스럽게 그놈들을 향해서 눈을 깜박거리기도 하고 얼굴을 찡그려 보이기도 했다. 그런데 그것이 비위에 거슬렸는지 그 암캐가 갑자기 펄쩍 뛰어올라 내 무릎으로 달려들었다. 나는 그놈을 냅다 떠다밀고 얼른 탁자로 앞을 가로막았다. 일이 거기에 이르자 대여섯 마리나 되는 나머지 개들도 모두 어두운 구석에서 튀어나왔다.

나는 부지깽이를 휘둘러 막아 냈으나, 결국 큰 소리로 그 집 식구들의 도움을 청하지 않을 수 없었다.

히스클리프와 하인은 짜증이 날 만큼 천천히 지하실 계단을 올라왔다. 다행히 부엌에 있던 뚱뚱한 아주머니가 뺨이 붉게 상기된 채 프라이팬을 휘두르며 달려왔다. 아주머니가 몇 마디 꾸짖자, 소동은 거짓말처럼 가라앉았다.

"도대체 어찌 된 거요?"

히스클리프가 나를 흘겨보며 물었다.

"나야말로 어떻게 된 일인지 모르겠소. 이 집의 개들은 마귀의 꾐에 빠진 돼지보다도 더 고약한 것 같소. 차라리 손님을 호랑이 떼에게 맡기시죠."

하며 나도 투덜거렸다.

"집을 지키는 게 저 개들의 임무 아니겠소? 자, 한잔 하시오."

히스클리프는 포도주 병을 내 앞에 놓고 돌려놓았던 탁자를 제자리에 바로 놓았다.

"아니, 싫소."

"물린 곳은 없소?"

"만약 물렸더라면 나도 그놈들에게 본때를 보여 주었을 거요."

그러자 히스클리프는 싱긋 웃었다.

"자, 그만하고 좀 들어요. 대단히 놀라신 모양이구려. 이 집엔 찾아오는 사람이 아주 드물어서 주인이나 개나 손님을 대접할 줄 몰라요. 자, 건강을 위해서!"

나는 마지못해 술잔을 받았다.

그리고 세들 집과 땅에 대해 히스클리프와 의논한 다음, 내일 다시 오겠다는 말을 남기고 워더링 하이츠를 나섰다.

다음 날, 오후가 되자 안개가 끼더니 추워졌다. 모자를 쓰고 집을 나와 6킬로미터를 걸어서 워더링 하이츠 문 앞에 다다랐을 때, 마침 폭설을 알리는 솜 같은 눈송이가 휘날리기 시작했다.

칼날같이 매운 바람에 온몸이 덜덜 떨려 왔다. 그런데다가 대문의 걸쇠마저 얼른 벗겨지지 않았다. 어쩔 수 없이 울타리를 뛰어넘어 뜰로 들어섰다.

'빌어먹을 사람들 같으니! 이런 식으로 손님 대접을 하니 평생 사람 구경을 못하지. 나라면 대낮에 문을 닫아 걸지는 않겠다.'

나는 투덜거리며 문고리를 쥐고 사정없이 흔들어 댔다. 그러자 얼굴을 잔뜩 찡그린 늙은 하인 조지프가 헛간의 둥근 창문으로 얼굴을 내밀고 외쳤다.

"무슨 일로 그러시오? 주인 양반은 양우리에 가셨으니 만나고 싶으면 헛간 뒤로 돌아가 보슈."

"안에는 문을 열어 줄 사람이 없나?"

나도 질세라 소리를 질렀다.

"아씨밖엔 없소. 아무리 두들겨 대도 그분은 절대로 문을 열어 주지 않을 거요."

"내가 왔다고 자네가 말씀 좀 드려 줄 수 없겠나, 조지프?"

"천만에! 난 그리고 싶지 않소."

하고 조지프는 내밀었던 머리를 도로 집어넣어 버렸다.

그런데 내가 또 한 번 문고리를 흔들려고 했을 때, 이 추운 날씨에 겉옷도 걸치지 않고 어깨에 쇠스랑을 멘 젊은이가 다가왔다.

그는 나에게 따라오라고 말했다. 우리는 세면장을 거쳐 석탄광, 펌프, 비둘기장이 있는 뒤꼍을 지나, 드디어 어제의 그 넓은 방에 이르렀다.

타오르는 난롯불로 방 안은 알맞게 따뜻했고, 저녁 식사가 차려진 식탁 가까이엔 조지프가 말한 '아씨'로 보이는 한 부인이 앉아 있었다.

나는 그녀가 자리를 권할 거라는 생각에 인사를 하고 기다렸으나, 그녀는 의자에 기대 앉은 채 꼼짝도 하지 않고 나를 쳐다보았을 뿐 말 한마디 없었다.

그래서 내가 먼저 말을 건넸다.

"사나운 날씨군요."

그녀는 아무 말 없이 나를 가만히 바라보고만 있었다. 나는 그 냉담하고 무관심한 눈초리에 매우 거북하고 불쾌해졌다.

"앉으시죠. 주인은 곧 들어올 겁니다."

안내해 준 젊은이가 퉁명스럽게 말했다.

나는 그의 말대로 앉았다. 그리고 어제 나를 골탕먹였던 주노란 놈을 불렀더니, 제법 알은체하며 꼬리를 흔들어 댔다.

"그놈, 잘생겼군. 부인, 저에게 이 녀석의 새끼를 나누어 주실 생각은 없으신지요?"

나는 다시 부인에게 말을 붙였다.

"제 것이 아닌걸요."

그 귀엽게 생긴 안주인은 히스클리프보다도 더 쌀쌀맞게 쏘아붙였다.

나는 의자를 난로 쪽으로 당겨 놓고 다시 궂은 날씨 이야기를 했다.

"안 나오셨으면 좋았을 텐데 그랬죠?"

그녀는 이렇게 말하고 일어서더니, 벽난로 위에서 색칠한 차통을 내리려 했다.

나는 그제야 비로소 그녀의 모습을 자세히 볼 수 있었다. 그처럼 멋진 몸매와 예쁘고 자그마한 얼굴을 나는 본 적이 없었다. 새하얀 피부에 금빛 곱슬머리가 가는 목덜미에 늘어져 있었다. 그러나 그 눈은 경멸과 절망 같은 것을 나타내고 있었다.

5분쯤 후에 히스클리프가 한 젊은이와 함께 들어왔다.

"약속대로 다시 찾아왔습니다. 그런데 날씨가 좋지 않아서 반 시간쯤 폐를 끼쳐야겠군요."

나는 약간 수다스럽게 말했다.

"반 시간이라구요? 하필이면 눈이 한창 쏟아질 때 나가실 작정이오? 이런 밤에는 늪지대의 지리에 밝은 사람들도 곧잘 길을 잃어버리죠."

옷에 묻은 눈을 털어 내면서 히스클리프가 말했다.

"댁의 하인들 가운데 한 사람쯤은 길잡이로 나를 도와줄 수 있겠죠?"

"그건 어려울 것 같소."

"허, 이거 참! 그렇다면 내 눈짐작에 의지해서 갈 수밖에 없겠군요."

조용히 우리의 대화를 듣고 있던 부인이 히스클리프에게 물었다.

"저분에게도 차를 드릴까요?"

"준비해!"

히스클리프의 대답이 너무 거칠어서 나는 깜짝 놀랐다.

잠시 후, 부인이 차를 내왔다.

"자아, 가까이 다가앉으시오."

히스클리프가 나에게 권했다.

젊은이까지 모두 식탁에 둘러앉았으나, 차를 마시는 동안 무거운 침묵만이 흘렀다.

나는 그 가라앉은 분위기를 풀기 위해 차를 또 한 잔 따르며 말했다.

"사람들은 당신처럼 세상을 완전히 등지고 사는 사람에게 이런 행복이 있으리라곤 전혀 상상도 못할 겁니다. 하지만 이렇게 가족에 둘러싸여, 그리고 귀여운 부인으로 하여금 집안과 마음을 다스리게 하는 당신이야말로……."

"귀여운 부인? 그게 어디 있소? 나의 귀여운 부인이란 것이?"

말을 가로막는 히스클리프의 얼굴엔 악마 같은 비웃음이 어려 있다.

"히스클리프 부인, 즉 당신의 부인 말입니다."

"아, 내 죽은 아내가 여기 있단 말이오?"

나는 큰 실수를 했다는 것을 깨달았다. 그 두 사람을 부부로 보기에는 나이 차이가 매우 많다는 것을 일찍 알아차렸어야 했다. 남자는 마흔 살쯤이고, 여자는 열일곱 살도 채 안 되어 보였다.

"저 애는 내 며느리요."

히스클리프가 말했다.

"아, 이제 알겠습니다. 당신이 바로 이 귀여운 부인의 남편이 되시는군요."

하고 나는 내 옆에 앉은 젊은이를 쳐다보며 말했다.

그런데 이번의 실수는 전보다 더 큰 것이었다. 젊은이는 얼굴을 붉히며 당장이라도 달려들 것처럼 두 주먹을 불끈 쥐었다.

"손님의 추측은 불행히도 또 빗나갔소. 우리는 둘 다 손님이 말하는 귀여운 부인의 남편이 아니오. 저 아이 남편은 죽었소."

히스클리프가 말했다.

"그럼 이 젊은이는?"

"이 사람은 내 아들이 아니오."

히스클리프는 마치 자기를 그런 촌스러운 녀석의 아비라고 생각하는 것은 지나친 농담이라고 말하고 싶은 듯이 다시 미소를 지었다.

"내 이름은 헤어튼 언쇼요."

젊은이가 사납게 말했다.

차를 마시고 난 후, 나는 창가로 다가가 날씨를 살폈다. 다른 때보다 날이 일찍 저물어 밖에는 온통 어둠이 깔리고, 휘몰아치는 바람과 숨막힐 듯 내리는 눈발 속에 하늘과 땅이 맞닿아 있었다.

"길잡이 없이는 도저히 돌아가지 못하겠군요."

나는 한숨을 쉬며 말했다.

"헤어튼, 저 양들을 헛간 안에 가둬 두어라. 밤새 우리에 두었다가는 눈에 파묻히겠다."

히스클리프가 말했다.

뒤를 보니 조지프가 개에게 줄 죽을 한 통 들고 들어오고, 히스클리프 부인은 난롯불 쪽에 앉아 난로 위로 심심풀이로 성냥 뭉치를 태우고 있었다.

조지프는 죽통을 내려놓고 유심히 방 안을 둘러본 다음 갈라진 목소리로 지껄였다.

"나 원 참! 다들 일하러 나가는데 혼자 하릴없이 장난이나 하고 있다니! 말해도 소용없지. 악마가 들끓는 지옥에 떨어지기 전에는 저 버릇을 고치지 못할 거야."

처음엔 그것이 나에게 하는 욕지거리인 줄 알고 화가 머리끝까지 치밀어 그 늙은 영감을 문 밖으로 걷어차 버리려고 몇 발짝 다가갔으나, 히스클리프 부인의 목소리가 내 발을 멈추게 했다.

"이 못된 영감! 악마를 들먹일 때마다 자기 자신이 악마에게 끌려가는 건데도 무섭지 않아? 나를 가만히 내버려 두는 편이 좋을 거야. 이걸 좀 봐, 조지프."

하며 그녀는 선반에서 길쭉하고 검은 책을 한 권 집어들었다.

"내 마술이 얼마나 늘었나 보여 주지. 붉은 암소가 죽은 것도 우연이 아니고, 영감의 신경통도 하느님의 뜻이라고만 생각할 수는 없어."

"오, 악마다, 악마야! 주여, 우리를 악에서 구해 주시옵소서!"

늙은이는 신음하듯 말했다.

"안 돼, 틀렸어! 당신은 이미 하느님의 버림을 받았어. 빨리 꺼지지 않으면 혼을 내 줄 테야."

귀여운 부인이 그 아름다운 눈에 일부러 악의를 띠는 척하자, 조지프는 정말 무서운 듯 벌벌 떨면서 기도를 올리기도 하고 '오, 주여!'를 연발하며 서둘러 나가 버렸다.

둘만 남게 되자, 나는 그녀에게 말을 걸었다.

"귀찮게 해서 미안합니다만, 제가 집으로 돌아가는 데 표지가 될 만한 것을 몇 가지 알려 주십시오. 부인이 런던으로 가는 길을 모르는 것처럼 나도 집으로 돌아가는 길을 모르겠습니다!"

"오신 길로 해서 돌아가세요."

그녀는 촛불 앞에 그 길쭉한 책을 펴고 의자에 앉은 채 말했다.

"그렇다면 내가 늪이나 눈구덩이에 빠져 죽었다는 소식을 들어도 부인은 조금의 가책도 느끼지 않는다는 말인가요?"

"어째서 제가 양심의 가책을 느껴야 되죠? 바래다 드릴 수 없어요. 나는 대문 밖으로 나갈 자유가 없으니까요."

"내가 편하자고 이런 밤에 부인에게 문 밖까지 같이 나가 달라고 청할 염치는 없습니다. 내 말은 길을 가르쳐 달라는 것이지, 안내해 달라는 것이 아닙니다. 그렇게 할 수 없다면 히스클리프 씨에게 내게 길잡이를 하나 붙여 주라고 부탁이라도 좀 해 달라는 거지요."

"이 집에는 그분하고 언쇼, 질라, 조지프, 그리고 저뿐인데요. 그 중에서 누가 안내하길 바라세요?"

"농장에 하인은 없나요?"

"없어요. 지금 말한 사람이 전부예요."

"그렇다면 자고 갈 수밖에 없겠군요."

"그건 이 집 주인과 상의해 보세요. 저는 아무 권한이 없어요."

"이 일을 교훈삼아 앞으로는 경솔하게 이 곳에 출입하지 않는 게 좋을 거요. 우리 집에 머문다고 해도, 손님을 위해 특별히 마련된 침대는 없으니 헤어튼이나 조지프와 함께 자야 할 거요."

히스클리프의 차디찬 목소리가 부엌문 쪽에서 들려왔다.

"이 방의 의자 위에서 자도 되나요?"

내가 물었다.

"아니, 그건 안 돼! 부자건 거지건 남은 남이지. 내가 지켜볼 수 없는 시간에는 누구라도 이 방에 들어오지 못하게 하고 있소."

히스클리프가 매몰차게 말했다.

이렇게까지 모욕을 당하자 나도 더 이상 참을 수가 없었다. 나는 그를 밀어젖히고 마당으로 뛰어나가다가, 지나치게 흥분한 나머지 헤어튼과 부딪치기까지 했다.

밖이 너무 어두워 나가는 길을 찾지 못하고 빙빙 돌다가, 나는 그 집 안 사람들이 주고받는 말을 엿들을 수 있었다. 처음에는 헤어튼이 내 편을 드는 것 같았다.

"숲 있는 데까지만이라도 데려다 주어야겠어요."

헤어튼의 말에 히스클리프가 버럭 소리를 질렀다.

"가려면 지옥까지라도 따라가! 그런데 말은 누가 돌볼 거야?"

나는 조지프가 들고 있던 등을 낚아챈 다음, 내일 아침에 돌려주겠다는 말을 던지고 가장 가까운 뒷문으로 달려갔다.

"저 사람이 등을 훔쳐 갔어! 이봐, 내셔! 쉭, 울프, 저놈 잡아라, 저놈 잡아!"

영감이 고함을 치며 내 뒤를 쫓아왔다.

작은 문을 열자마자 두 마리 털북숭이 개들이 내 목을 향해 덤벼들어 나를 넘어뜨리는 바람에 등불이 꺼졌다.

그 때, 건장한 가정부 질라가 뛰어나왔다. 그녀는 누군가 나를 때렸다고 생각했는지, 갑자기 얼음같이 차가운 물을 내 목에 휙 끼얹고는 부엌으로 나를 끌고 들어갔다.

히스클리프도 따라 들어왔는데, 그 얼굴에서 웃음기는 이미 사라지고 다시 전처럼 우울한 표정을 짓고 있었다.

나는 현기증이 나서 쓰러질 것 같았다. 그 집에서 하룻밤 신세를 질 수밖에 없었다.

히스클리프는 나에게 브랜디를 한 잔 갖다 주라고 질라에게 이르고는 안방으로 들어가 버렸다. 질라는 내가 봉변당한 것을 위로하면서 주인의 말대로 술을 갖다 주었으므로, 나는 그것을 마시고 다소나마 기운을 차릴 수 있었다. 질라는 그런 나를 침실로 안내했다.

질라는 앞장서서 이층으로 올라가면서 나에게 촛불을 가리고 소리를 내지 말라고 당부했다. 그녀는 주인이 지금 내가 들어갈 방에 대해 이상한 생각을 가지고 있기 때문에 어쩔 수 없는 경우가 아니면 쓰지 못하게 한다고 말했다. 내가 그 이유를 물었지만, 그녀는 자기도 모른다고 대답했다.

나는 방문을 닫아 걸고 침대를 찾아 방 안을 살펴보았다. 가구는 의

자와 옷장이 하나씩, 그리고 큼직한 참나무 궤짝이 하나 있을 뿐이었다. 그 궤짝은 위쪽에 네모난 구멍이 뚫려 있어 마차의 창문처럼 보였다.

　다가가서 그 속을 들여다보니, 그것은 특이한 구식 침대였다. 가족들이 각기 침실을 하나씩 차지할 필요가 없도록 편리하게 만들어져 있었다. 그 궤짝을 하나의 방처럼 사용할 수 있으며, 안쪽 창문 틀에 달려 있는 선반은 탁자 구실을 하고 있었다.

　나는 판자로 된 문짝을 밀고 촛불을 든 채 안으로 들어갔다. 그 문을 닫자, 집 안 모든 사람의 눈길을 벗어난 듯해 마음이 편안해졌다.

　내가 촛불을 놓은 선반 한구석에는 곰팡이가 핀 책 몇 권이 놓여 있고, 페인트 칠을 한 선반은 온통 낙서투성이였다. 그 낙서는 크고 작은 온갖 글씨체로 쓴 '캐서린 언쇼'라는 이름이었는데, 간혹 '캐서린 히스클리프', '캐서린 린튼'으로 되어 있기도 했다.

나는 피곤한데다가 맥까지 풀려 머리를 창에 기대고 캐서린 언쇼, 히스클리프, 린튼이라는 글자를 계속 더듬다가 그만 눈을 감았다.

그러다 채 5분도 못 되어 어둠 속에서 하얀 글자들이 유령처럼 환하게 빛나는 것을 보았다. 곧이어 방 안은 캐서린이란 이름으로 꽉 차 버렸다. 이름을 머리에서 지워 버리려고 몸을 벌떡 일으키니, 촛불 심지가 낡은 책 위로 기울어져서 쇠가죽 타는 냄새가 온 방에 가득 찼다.

나는 심지를 잘라 버리고 일어나 앉아 촛불에 약간 탄 책을 무릎 위에 폈다. 그것은 작은 활자로 인쇄된 성경이었는데, 곰팡내가 지독하게 났다. 속표지에는 '캐서린 언쇼의 장서'라는 글씨와 25, 26년 전의 날짜가 적혀 있었다.

나는 그 책을 덮고 다른 책을 한 권씩 자세히 살펴보았다. 책들이 많이 낡은 것으로 보아 늘 읽었다는 것을 알 수 있었다. 그러나 그 책들은 독서의 목적으로만 사용된 것은 아니었다. 어느 페이지이고 여백이란 여백에는 빽빽하게 펜글씨가 씌어 있었다. 그 가운데서 서툴기는 하지만 밉지 않게 그려진 조지프의 모습을 발견하고 나는 무척 즐거워졌다. 나는 불현듯 캐서린이란 여자에 대한 호기심이 일어, 희미하게 지워져 가는 그녀의 글씨를 읽어 내려가기 시작했다.

지긋지긋한 일요일! 아버지가 살아 계시다면 얼마나 좋을까. 힌들리 오빠가 아버지 대신이라니 기가 막히다. 오빠는 너무 심해. 히스클리프와 나는 반란을 일으킬 생각이다.

하루 종일 비가 억수같이 쏟아졌다. 우리는 교회에 갈 수 없었으므로, 조지프에게 불려 가 다락방에서 예배를 드려야 했다. 힌들리 오빠와 올케 언니는 아래층에서 편안하게 난롯불을 쬐고 있는데, 우리는 성경책을 들고 다락방으로 올라가야 했다.

우리는 옥수수 자루 위에 앉은 채 신음 소리를 내며 덜덜 떨었다. 조지프도 추위에 견디지 못해 설교를 빨리 끝내 주었으면 좋겠다고 생각했는데, 웬걸! 예배는 세 시간이나 계속되었다. 그런데도 오빠는 우리가 내려오는 것을 보고는 '아니, 벌써 끝났어?' 하는 표정이었다.

"너희들은 이 집에 어른이 있다는 것을 모르니? 내 비위를 거슬리는 놈은 가만 두지 않을 거야."

오빠는 폭군처럼 말했다.

우리는 조리대 밑으로 기어들어가 앞치마를 이어 붙여서 커튼처럼 치고 놀았다.

마구간에 갔던 조지프가 돌아와 소리를 질렀다.

"주인 어른의 장례를 막 치르고, 아직 안식일도 지나지 않아 성경 말씀이 귓전에 남아 있는데 장난을 치다니! 부끄럽지도 않아?"

그는 우리에게 오래 된 설교집을 던져 주며 불빛에 겨우 책을 비쳐 볼 수 있을 정도로 난롯가에서 멀리 앉게 했다. 나는 그 낡은 책뚜껑을 떼어 개집 쪽으로 던져 버렸다. 히스클리프도 자기 책을 같은 곳으로 걷어차 버리자, 곧 큰 소동이 일어났다.

힌들리 오빠가 달려와 히스클리프의 목덜미를 잡고 내 팔을 잡아 우리 둘을 부엌 안쪽으로 내동댕이쳤다. 조지프가 부엌 안쪽 방에 있으면 분명 악마가 와서 우리를 잡아갈 거라고 위협하듯 말했다.

우리는 부엌 한쪽 구석에 앉아 악마가 오기를 기다렸다. 나는 선반에서 이 책과 잉크병을 내려 불빛이 들어오도록 문을 약간 열고 20분쯤 이 글을 쓰며 시간을 보냈다.

그러나 히스클리프는 답답하다면서 둘이서 젖 짜는 아주머니의 웃옷을 쓰고 들판으로 나가 뛰어다니자고 했다. 무척 재미있는 생각이다. 그렇게 되면 조지프가 들어와 보고 자기 예언대로 악마가 우리를 데려갔다고 생각할 테니까.

　나는 어느 새 꾸벅꾸벅 졸기 시작했다. 그러다가 그만 나도 모르게 침대에 누워 잠들어 버렸다. 그리고 꿈을 꾸었다.

　거센 바람 소리와 휘몰아치는 눈보라 소리가 뚜렷하게 들려왔다. 전나무의 마른 열매가 창문을 때리는 소리도 들렸다. 나는 그 요란한 소리를 멈추게 하고 싶어서 창문 걸쇠를 벗기려고 안간힘을 썼다. 그러나 뜻대로 되지 않았다.

　나는 주먹으로 유리창을 깨고 팔을 내밀어 나뭇가지를 잡으려고 했다. 그런데 손에 쥔 것은 나뭇가지가 아니라 얼음처럼 차가운 조그만 손이었다. 소름이 오싹 끼쳤다. 잡힌 손을 빼내려 애썼지만, 그 손은 내 손을 잡은 채 놓아 주지 않았다. 그리고 가련하게 흐느끼는 소리가 들렸다.

　"들어가게 해 주세요. 들어가게 해 주세요!"

　"당신은 누구세요?"

　나는 그 손을 뿌리치려고 애쓰면서 물었다.

　"캐서린 린튼이에요."

하고 상대는 떨리는 목소리로 대답했다.

　나는 공포에 질려 미쳐 버릴 것 같았다.

　마침내 나는 말했다.

　"내가 어떻게 하면 좋겠니? 꼭 이 방에 들어와야 한다면 먼저 내 손을 놓아 다오!"

　그러자 그 손이 내 손을 놓았다. 나는 깨진 구멍으로 내 손을 끌어들이고는 재빨리 책을 피라미드형으로 쌓아올려 구멍을 막고, 애원하는 구슬픈 소리를 듣지 않으려고 귀를 막았다.

이렇게 15분쯤 지나고 귀를 막은 손을 떼어 보았지만 슬픈 울음소리는 여전히 들려왔다.

"가, 가라구! 20년 동안 애원한다 해도 안 돼!"

"맞아요. 꼭 20년이에요. 나는 20년 동안이나 떠돌아다녔어요."

그 소리는 탄식하듯 말했다.

그러더니 밖에서 창문을 긁는 소리가 들려오면서 책더미가 앞으로 쓰러질 듯이 들썩거렸다. 나는 벌떡 일어나려 했으나 전혀 몸을 움직일 수가 없었다. 미친 듯이 고함을 지를 수밖에 없었다.

나는 꿈에서만이 아니라 실제로도 소리를 지른 모양이었다. 누군가 황급히 달려와 문을 벌컥 열었다. 히스클리프였다.

"누가 당신을 이 방으로 안내했소? 내 이것들을 당장 내쫓아야지."

그는 손바닥에 손톱이 박힐 지경으로 주먹을 불끈 쥐고 턱이 떨리는 것을 가라앉히려고 이를 악물고 말을 이었다.

"댁의 하녀 질라였어요. 당신이 하녀를 내쫓건 말건 나는 상관 없습니다. 그녀는 쫓겨나야 마땅합니다. 아마 나를 이용해서 이 집에 유령이 나온다는 것을 다시 한 번 확인해 보려고 했던 것 같습니다."

"대체 무슨 말을 하는 거요? 어쨌든 이 방에 들어왔으니, 오늘 밤은 여기서 지내시오. 하지만 제발 소름끼치는 소릴랑 다시는 지르지 마시오. 누군가 당신의 목이라도 친다면 모를까!"

"아니, 날이 샐 때까지 정원이나 거닐다가 떠나겠습니다. 다시는 여기 오지 않을 테니 걱정 마십시오. 나도 이젠 도시에서든 시골에서든 사람 사귀는 재미는 아예 단념했으니까요."

"등불을 들고 당신이 가고 싶은 곳으로 가시오. 나도 곧 나갈 테니까. 그러나 뜰에는 개를 풀어놓았으니 나가지 마시오. 그리고……. 아니, 결국 계단이나 복도에서 서성일 수밖에 없겠군. 어쨌든 이 방에서는 나가 주시오. 2분 내로 나도 나가리다."

그의 말대로 방에서 나오기는 했지만, 좁은 복도가 어디로 통하는지 알 수 없어 멍청히 서 있다가 집주인의 이상한 행동을 보게 되었다.

그는 침대에 올라가 창문을 열고 눈물을 쏟으며 흐느꼈다.

"들어와요! 캐시, 들어와요! 오오! 한번만, 한번만 더 와 주오! 내 사랑하는 그대! 이번만은 내 말을 좀 들어주오, 캐서린!"

그 울부짖음에는 뼈저린 슬픔이 어려 있어, 나는 그것이 조금도 우습게 여겨지지 않았다.

나는 조심스럽게 아래층으로 내려가 난롯가 소파에서 잠을 청했다.

먼동이 트자마자 얼른 밖으로 빠져나왔다.

집으로 돌아오니 가정부와, 그 밑에서 일하는 하인들이 우르르 몰려나와 나를 맞으며 소란스럽게 떠들어 댔다. 그들은 내가 어젯밤 죽은 것으로 단정하고 내 시체나 찾으러 나설 궁리를 하고 있었던 것이다.

저녁상을 들여온 가정부 딘 부인에게 살림에 필요한 것을 알아본다는 핑계로 내가 식사하는 동안 곁에 있어 달라고 부탁했다. 그녀가 정말로 말을 잘하는 사람이어서 내 기운을 돋워 주거나, 아니면 그 반대여서 내가 잠들 수 있게 해 주기를 바랐다.

"이 집에 굉장히 오래 사신 것 같은데, 16년이라 했던가요?" 하고 나는 말을 꺼냈다.

"18년이랍니다. 마님께서 시집오실 때 따라왔으니까요."

그녀는 서둘러 나가더니 바느질감을 들고 들어와 의자를 바짝 당겨 앉았다. 오랜만에 말벗을 만나 무척 즐거운 모양이었다.

그렇게 해서 나는 '워더링 하이츠'라는 곳에 얽힌 이야기를 듣게 되었다.

악마의 선물

이 집으로 와서 살기 전에는 저는 계속 워더링 하이츠에 있었답니다. 저의 어머니가 헤어튼의 아버지인 힌들리 언쇼 서방님의 유모였기 때문에 항상 그 댁 아이들과 어울려 놀았지요. 저는 잔심부름도 하고 건초 만드는 일도 거들며, 밭에 나가 돌아다니다가 어떤 일이고 시키는 대로 했답니다.

어느 화창한 여름날 아침, 언쇼 어른이 길 떠날 준비를 끝내고 아래층으로 내려오셨지요. 조지프에게 그 날 할 일을 이르시고는 아이들에게 말씀하셨습니다.

"얘들아! 오늘 리버풀에 가는데, 뭘 사다 줄까? 갖고 싶은 것을 말해

봐. 하지만 조그만 물건이어야 해. 90킬로미터를 들고 오려면 힘드니
까."

힌들리는 바이올린을 갖고 싶다고 했지요. 캐서린은 마구간에 있는
말을 전부 탈 수 있었기 때문에 채찍을 원했어요.

주인 어른은 저에게는 호주머니 가득 사과랑 배를 사다 주겠다고 약
속하시고, 아이들에게 작별 키스를 하고 떠나셨습니다.

사흘째 되던 날 밤 11시쯤, 문의 빗장이 슬며시 벗겨지며 언쇼 어른
이 돌아오셨습니다. 언쇼 어른은 의자에 털썩 주저앉으시며 피곤해 죽
겠으니 모두들 비키라고 하셨습니다. 그리고 둘둘 말아 두 팔에 안고
있던 외투를 펼쳐 보였습니다.

"이것 좀 봐요, 여보! 지금까지 살면서 이렇게 혼난 적이 없소. 하지
만 당신은 이것을 하느님이 주신 선물로 여겨야 하오. 마치 악마의

선물처럼 얼굴이 새까맣기는 하지만 말이오."

우리는 모두 그 주위로 몰려갔습니다. 저도 아가씨 머리 너머로 들여다보았죠. 머리카락이 까맣고 누더기를 걸친 거지 같은 아이가 있었습니다. 걷고 말할 수 있을 만큼 컸고, 얼굴은 그때 여섯 살이었던 캐서린보다 더 나이 들어 보였습니다.

마님은 너무나 화가 나서 그 아이를 창밖으로 내던지실 기세였습니다. 돌보아야 할 자기 아이를 둘씩이나 두고 그런 떠돌이 아이를 어떻게 집에 데려올 생각이 났느냐고 펄쩍 뛰시더군요. 그 아이를 어떻게 할 작정이냐, 혹시 돌아 버린 게 아니냐고 따지셨습니다.

"길에 버려져 죽어 가는 아이를 보고 어떻게 모른 체 할 수 있겠소? 그래서 데리고 왔소."

언쇼 어른께서 말씀하셨습니다.

결국 마님은 잠잠해지셨습니다. 어른께서는 저에게 그 아이를 씻기고 깨끗한 옷으로 갈아입혀 아이들과 같이 재우라고 하셨습니다.

한바탕 소란이 가라앉자, 힌들리와 캐서린은 약속한 선물을 찾느라고 아버지의 호주머니를 뒤졌습니다.

힌들리는 외투 속에서 산산이 부서진 바이올린을 꺼내 놓고는 울음을 터뜨렸고, 캐서린은 캐서린대로 아버지가 그 아이에게 신경을 쓰느라 말채찍을 잃어버린 것을 알고 그 아이를 향해 침을 뱉었습니다.

아이들은 그 아이와 같이 자는 것은 고사하고 방에 오지도 못하게 했습니다. 저도 그들보다 철이 더 든 것도 아니어서 아침이 되면 어디로든 보내겠지 싶어 계단의 층계참에다 꼬마를 내버려 두었습니다.

그런데 그 아이가 언쇼 어른의 방으로 기어갔던 모양이에요. 언쇼 어른은 저를 비겁하고 인정머리 없다며 집에서 쫓아냈답니다.

히스클리프는 이렇게 해서 그 댁으로 들어오게 되었던 겁니다. 며칠 후 돌아와 보니, 그 아이는 히스클리프라는 이름으로 불렸습니다. 그것은 어려서 죽은 도련님 이름이었는데, 그 후 내내 그 아이의 이름으로도 성으로도 쓰이게 되었습니다.

캐서린은 어느 새 그 아이와 매우 친해졌지만, 힌들리는 무척 싫어했습니다. 솔직히 말하자면 저도 싫었습니다. 그래서 우리는 그 아이를 괴롭히고 사뭇 구박했습니다.

언쇼 어른은 그 불쌍한 아이가 당신 아드님의 학대를 받고도 그렇게 참고 견디는 것을 보면 힌들리에게 무척 화를 내곤 하셨습니다. 그분은 히스클리프를 이상하리만큼 귀여워하셔서 그의 말이라면 무조건 믿으셨습니다. 그로부터 2년이 채 못 되어 마님이 돌아가시자, 힌들리는 히스클리프를 더욱 미워했습니다.

아이들이 홍역을 앓아 제가 그들의 간호를 맡으면서 한편으로 집안 살림도 돌보아야 할 처지가 되었습니다. 히스클리프는 매우 위독했는데, 가장 심했을 때에는 저를 항상 베갯머리에 붙잡아 두었습니다. 아마 제가 하는 수 없이 자기를 간호하는 줄은 모르고 진심으로 자기에게 잘 대해 준다고 생각했던가 봅니다.

히스클리프가 위험한 고비를 넘기자, 의사는 그것이 모두 제 덕이라며 저를 칭찬하셨습니다. 저는 그 칭찬에 기분이 좋아져서 그런 칭찬을 듣게 해 준 히스클리프에 대해 마음이 누그러졌습니다.

언쇼 어른의 몸은 갈수록 쇠약해졌습니다. 난롯가에만 붙어 앉아 툭하면 짜증을 내셨습니다. 특히 힌들리가 히스클리프를 괴롭히기라도 하면 펄펄 뛰셨습니다.

어느 날, 아이들에게 공부를 가르쳐 주시던 우리 교구의 부목사님이 힌들리를 대학에 보내는 게 어떻겠느냐고 권했습니다.

주인 어른은 집안의 평화를 위해 그 권유를 받아들였으나, 별로 마음이 내키진 않았던가 봅니다. 왜냐하면 이렇게 말씀하셨으니까요.

"힌들리는 쓸모 없는 녀석이라 어디를 가도 잘 되긴 글렀어."

힌들리가 대학에 입학해 기숙사로 간 지 3년이 지난 10월 어느 날 저녁, 그분은 난롯가 의자에 앉은 채 조용히 돌아가셨습니다. 집 주위에선 거센 바람이 불어 대고 굴뚝 속에서도 사나운 바람 소리가 들려왔지만 춥지는 않은 날씨였습니다.

우리는 모두 한 곳에 모여 있었습니다. 저는 난롯가에서 좀 떨어진 곳에서 뜨개질하기에 바빴고, 조지프는 식탁 옆에서 성경을 읽고 있었습니다. 캐서린은 몸이 불편한지 아버지 무릎에 가만히 기대어 앉아 있었고, 히스클리프는 아가씨 무릎을 베고 방바닥에 누워 있었습니다.

주인 어른은 드물게도 아가씨가 얌전하게 있는 것을 보고 좋아하시며, 잠들기 전에 그녀의 아름다운 머리카락을 쓰다듬으면서 이렇게 말했습니다,

"캐시, 너는 왜 늘 이렇게 얌전하게 있지 못하는 거냐?"

캐서린은 아버지의 얼굴을 쳐다보았습니다.

"아버지, 아버지는 왜 항상 무섭게만 하시죠?"

그러나 아버지가 화를 내시리라는 것을 알고는, 곧 그 손에 입맞추며 편안히 주무시도록 노래를 불러 드리겠다고 했습니다.

캐서린이 아주 낮은 목소리로 노래를 부르고 있으려니까, 주인 어른은 그 머리를 쓰다듬던 손을 내리고 고개를 가슴 위로 떨구셨습니다.

저는 그 모습을 보고 캐서린에게 속삭였습니다.

"조용히 해요. 잠이 드셨으니까."

우리 모두는 반 시간 동안 아주 조용히 있었습니다. 성경을 다 읽고

일어난 조지프가 기도를 드린 후 잠자리에 드시게 해야겠다면서 주인 어른을 깨워야겠다고 말하지 않았더라면, 우리는 더 오랫동안 그렇게 앉아 있었을 겁니다.

조지프는 주인 어른에게 다가가 어깨에 손을 얹었습니다. 그러나 주인 어른은 꼼짝도 하지 않으셨으므로, 조지프는 촛불을 들고 그 얼굴을 살펴보았습니다.

조지프가 촛불을 내려놓았을 때, 저는 무슨 좋지 않은 일이 일어났다는 것을 직감했습니다. 그래서 아이들을 양팔로 껴안고 속삭였습니다.

"이층으로 올라가서 자요. 오늘 밤은 둘이서만 기도드려요. 조지프 영감은 할 일이 있으니까."

"아버지께 안녕히 주무시라고 인사드려야지."

캐서린은 말릴 틈도 없이 두 팔을 어른의 목에 감았습니다. 불쌍하게도 캐서린은 곧 아버지가 돌아가신 것을 알아차리고 큰 소리를 질렀습니다.

"아버지가 돌아가셨어! 히스클리프, 아버지가 돌아가셨어!"

그리고 둘은 애절한 소리로 흐느껴 울기 시작했습니다.

저도 그들과 같이 소리 내어 울었습니다. 그러나 조지프는 하늘에 올라가 성자가 되신 분을 두고 그렇게 소리를 내어 우느냐고 꾸짖었습니다. 저에게 외투를 걸치고 기머튼에 가서 의사와 목사님을 모셔 오라기에, 저는 그들이 그 때 왜 와야 하는지도 모른 채 비바람을 뚫고 가서 의사만을 모시고 돌아왔습니다. 목사님은 아침에 오시겠다고 했기 때문이지요.

집에 돌아오자마자 저는 아이들의 방으로 뛰어올라갔습니다. 자정이 넘었는데도 방문을 열어 놓은 채 아이들은 잠자리에 들지 않았더군요. 그러나 울음도 그치고 조용해져서, 새삼 제가 위로할 필요가 없었습니다. 어린것들이 기특하게도 서로를 위로하고 있었으니까요.

대학에 다니던 힌들리가 장례를 치르기 위해 집으로 돌아왔는데, 부인을 데리고 왔어요. 우리도 놀라고 주위 사람들도 모두 수군거렸습니다. 그 여자가 누구며, 어디 태생인지 전혀 말해 주지 않은 것은 아마 이렇다하게 내세울 가문도 돈도 없는 여자였기 때문이겠지요. 그렇지 않다면 힌들리가 아버지에게 결혼한 것을 숨길 이유가 없었을 테니 말입니다.

그 여자로 인해 집안에 풍파가 일어나는 일은 없었습니다. 장례 준비와 문상객을 제외하면 그 여자에게는 문지방을 들어서는 순간부터 보는 것과 듣는 것, 모든 것이 기쁘게만 느껴졌던가 봅니다. 그런데 장례를 치르는 동안의 거동으로 보아, 그녀는 좀 모자라는 것 같았습니다.

힌들리의 아내는 계단을 오를 때면 항상 숨이 가빠 힘들어 한다거나, 아무리 작은 소리라도 갑작스러운 소리에는 온몸을 떨며 놀란다거나, 가끔 심한 기침을 하는 것은 저도 보아서 알고 있었습니다. 그러나 그게 무슨 병의 증상인지 전혀 알지 못했습니다.

힌들리는 아내가 원하는 것이면 뭐든 들어주었지요. 히스클리프가 싫다는 아내의 말에 그를 하인들 있는 데로 몰아 내어 자기들과 함께 있지 못하게 하고, 부목사님에게서 글도 배우지 못하게 했습니다. 그 대신 밖에서 막일을 해야 한다고 일렀지요. 그래서 히스클리프는 하인들과 다름없이 밭에서 힘든 일을 하게 됐습니다.

히스클리프는 처음엔 이런 천대를 잘 견디어 냈습니다. 캐서린이 배운 것을 가르쳐 주기도 하고, 밭에서 함께 일하며 놀기도 했으니까요.

히스클리프와 캐서린은 교회에도 나가지 않고 야만인처럼 거칠게 변해 갔습니다. 힌들리는 자기 눈에만 띄지 않으면 두 사람이 어떤 짓을 저지르건 어떤 행동을 하건 전혀 상관하지 않았으니까요.

어느 일요일 저녁이었습니다. 떠들었다거나 아니면 그와 비슷한 대수롭지 않은 일을 저지른 벌로 두 사람은 거실에서 쫓겨났습니다. 그런데 나중에 저녁을 먹으라고 이리저리 다 찾아보아도 그들의 모습은 눈에 띄지 않았습니다. 드디어 화가 난 힌들리는 문을 전부 닫아 걸고 그들을 절대로 집 안에 들여놓지 말라고 저희들에게 엄포를 놓았습니다.

온 집안이 모두 잠든 후에도 저는 걱정이 되어 잠을 이룰 수가 없었습니다. 그래서 비가 오는데도 창문을 열고 머리를 내민 채 비를 맞으며 그들을 기다렸습니다.

얼마 후, 저는 길을 따라 걸어오는 발소리와 대문 앞에서 어른거리는 등불을 보았습니다. 저는 숄을 뒤집어쓰고 재빨리 뛰어나갔습니다. 그런데 돌아온 것은 히스클리프 혼자뿐이었습니다.

"캐서린 아가씨는? 설마 사고가 난 건 아니지?"

저는 다급하게 물었습니다.

"드러시크로스 저택에 있어. 나도 그 곳에 있고 싶었지만, 무례한 그 집 사람들이 나보고는 자고 가라는 말을 안 하지 뭐야."

"쫓겨나야만 속이 시원하겠니? 도대체 어쩌자고 거기까지 어슬렁거리며 갔단 말이냐?"

"넬리, 우선 젖은 옷을 갈아입어야겠어."

히스클리프는 옷을 갈아입으면서 말을 이었습니다.

"우리는 이리저리 돌아다니다 불빛이 반짝이는 저택이 보이기에 가 보기로 했지. 린튼네 집에서도 어른들은 난롯가에서 옷이 타도록 불을 쬐며 먹고 마시며 노래하고 웃고 있는데, 아이들은 구석에 떨고 서서 일요일 저녁을 보내고 있는지 확인하려고 말이야."

"그 댁 아이들은 분명 착한 아이들일 테니까, 너희들처럼 못된 짓을 하고 벌 같은 건 받지 않을 거야."

"우리는 이 꼭대기에서부터 그 저택까지 숨도 쉬지 않고 뛰어갔어. 그런데 캐서린은 신발이 벗겨져서 경주에서 지고 말았지. 우리는 받침대 위에 올라서서 창틀에 매달려 들여다보았는데, 아아, 진짜 아름답더군! 어른들은 보이지 않고, 에드거가 누이동생과 둘이서 그 방을 전부 차지하고 있었어.

이사벨라는 방 저쪽 끝에서 뒹굴며 고함을 지르고 있었어. 에드거는 에드거대로 난롯가에 서서 소리 없이 울고 있는데, 탁자 한가운데에 강아지 한 마리가 발발 떨면서 낑낑거리고 있었어. 자세히 들어 보니, 그 강아지를 오누이가 두 동강이 날 정도로 서로 잡아당기고 있었던가 봐. 못난 것들! 그런 짓을 하다니! 그까짓 폭신한 털뭉치 같은 강아지를 서로 갖겠다고 잡아당기고 싸우다가 이번에는 서로 안 가지겠다고 울고 있는 것이었어.

우리는 그 유치한 짓을 비웃어 주었지. 우리의 웃음소리를 그애들이 듣고 잽싸게 문께로 뛰어오더군. 잠시 조용해졌나 했더니, '오오, 엄마! 오오, 아빠! 오오, 아빠, 빨리 이리 와 보세요.' 하고 고함을 질러댔어. 그 때 누군가 빗장 벗기는 소리가 나기에 도망치는 것이 좋으리라 생각했지. 나는 캐시의 손을 잡고 빨리 가자고 재촉했어.

그런데 갑자기 캐시가 넘어졌지 뭐야! '도망쳐, 히스클리프, 도망치라구! 이 집 사람들이 개를 풀어 놓았는데, 그놈에게 물렸단 말이야!' 하고 캐시가 속삭였어. 정말 개가 캐시의 발목을 물고 늘어졌는데, 캐시는 비명을 지르지도 않았어. 그 때, 그 집 하인이 등불을 들고 나와서 '꽉 물어라, 스컬커! 꽉 물어!' 하고 외쳤어. 하지만 스컬커가 물고 있는 캐시를 보고는 태도가 달라지더군. 하인이 캐시를 안고 들어가기에 나는 빌어먹을 것들 두고 보라고 욕지거리를 하면서 따라 들어갔지.

'뭔가, 로버트?' 하고 문간에서 린튼 씨가 소리치더군. '스컬커가 어떤 계집애를 물었습니다요, 나리. 그리고 사내애도 하나 있는데, 악당 중의 악당같이 생겼습니다요.' 하고 그 하인이 대답했어. 그런데 에드거 린튼이 캐시를 알아보았어. 따로 만날 기회는 없었지만, 교회에서 우리를 보아 알고 있었던 모양이야. '언쇼 댁 따님이에요!' 하고 그는 자기 어머니에게 속삭였어. '그런데 저렇게 스컬커가 물었으니…… 보세요, 발에서 피가 흘러!' '언쇼 댁 아가씨라고? 그럴 리가 있나? 언쇼 댁 아가씨가 집시와 함께 쏘다니다니! 그리고 보니 상복을 입었군. 분명히 그래. 그런데 평생 다리 병신이 될지도 모르겠는데!' 하고 부인이 말했어.

린튼 씨가 내게서 캐서린 쪽으로 몸을 돌리면서 외치더군. '누이동생을 함부로 자라게 내버려 두다니, 오빠란 사람이 무심도 하지! 그런데 이 녀석은 누구야? 아하, 알았다! 이놈이 바로 세상 떠난 언쇼 씨가 리버풀로 가던 길에서 주웠다는 그 아이로군.' 나는 화가 나서 욕을 퍼붓기 시작했어. 그러니까 하인에게 나를 끌어 내라고 하더군. 나는 캐시와 함께 있겠다고 버텼지만, 하인놈은 순순히 말을 듣지 않으면 힌들리에게 일러바칠 테니 당장 돌아가라고 고함을 지르고는 문을 쾅 닫아 버렸어.

캐시를 구해 올 생각으로 창문을 통해 집 안을 들여다보았지. 캐시는 소파에 얌전히 앉아 있더군. 캐시가 강아지의 코를 만지기도 하면서 즐거워하는 것을 보고 나는 와 버렸어."

"걱정이구나. 힌들리 서방님이 알면 가만히 있지 않을 텐데."

제 말은 딱 들어맞았습니다. 힌들리는 히스클리프를 때리지는 않았지만, 그 날 이후로 캐서린에게 한 마디라도 말을 걸면 내쫓아 버리겠다고 했지요. 그의 아내도 캐서린이 돌아오면 제멋대로 행동하지 못하게 감독하기로 했습니다.

　캐서린은 크리스마스 때까지 거의 5주일을 드러시크로스 저택에서 지냈습니다. 그 동안 다쳤던 상처도 아물었고 행동도 얌전해졌습니다.

　까만 망아지에서 내린 캐서린은 깃털이 달린 수달피 모자 밑으로 갈색의 곱슬머리를 늘어뜨리고, 부인용 승마복 옷자락을 두 손으로 살짝 들어올리고 숙녀답게 걸어들어왔습니다. 힌들리는 말에서 내리는 누이동생을 도와주면서 기쁜 듯이 소리쳤습니다.

　"야, 캐시! 너 아주 미인이 됐구나! 이사벨라 린튼 따위와는 비교할 수도 없구나. 그렇지, 여보?"

　"그래요. 하지만 다시 말괄량이가 되지 않도록 조심해야지요. 넬리, 아가씨 옷 벗는 것을 도와드려요. 잠깐, 아가씨 머리가 망가지겠어요. 모자는 내가 벗겨 줄게."

　승마복을 벗기자 그 속에서 체크 무늬로 된 멋진 비단 웃옷과 하얀 바지, 반들반들하게 닦인 구두가 보였습니다. 캐서린은 제 뺨에 살며시 키스한 다음 주위를 살폈습니다. 히스클리프를 찾는 것 같았습니다.

　히스클리프는 캐서린이 집을 비우기 전에도 남에게 관심을 두지 않았고 또 남의 관심을 받지도 못했지만, 그 후로는 더욱더 심해졌습니다. 저말고는 그 아이를 보고 더러우니 일주일에 한 번쯤은 씻으라고 말해 주는 사람조차 없었으니까요.

　옷은 온통 흙투성이였고, 머리카락은 물론 얼굴과 손발엔 때가 까맣게 끼어 있었습니다. 그러니 예상과는 다르게, 헝클어진 머리를 한 자기 단짝이 아니라 훤하고 예쁜 숙녀가 집으로 돌아오는 것을 보고 그가 긴 의자 뒤에 숨어 버린 것은 당연한 일이었습니다.

　"히스클리프는 집에 없나요?"

　캐서린이 장갑을 벗으며 물었습니다.

힌들리 서방님은 히스클리프가 난처해하는 꼴이 재미있고, 또 히스클리프가 가까이하기에 꺼림칙하도록 지저분한 부랑아 같은 모습으로 캐서린 앞에 나타날 생각을 하니 기분이 좋아서 소리쳤습니다.

"히스클리프, 나와도 좋아! 너도 캐서린 아가씨에게 인사드려라."

캐서린은 숨어 있는 친구의 모습이 보이자, 달려가서 그를 껴안고 단숨에 일곱 번인가 여덟 번쯤 뺨에 키스를 퍼부었습니다. 그러더니 키스를 멈추고 물러서서 깔깔거렸습니다.

"어머나, 어쩌면 이렇게 우습고 이상해 보일까? 그렇지만 이렇게 느끼는 것도 다 내가 그동안 에드거나 이사벨라하고만 지냈기 때문일 거야. 그래, 히스클리프, 넌 나를 잊었니?"

캐서린이 그렇게 묻는 데에는 이유가 있었습니다. 히스클리프가 수치심으로 얼굴이 일그러진 채 꼿꼿하게 서 있었기 때문입니다.

"악수해라, 히스클리프. 가끔 악수쯤은 허락해 줄 테니까."

서방님이 큰 인심이라도 쓰듯 말했습니다.

"싫어! 놀림감이 되는 건 싫어! 참을 수 없어!"

그리고 히스클리프는 그 자리를 빠져나가려 했지만, 캐서린이 그를 다시 붙잡았습니다.

"너를 놀릴 생각은 없었어. 다만 웃음을 참을 수 없었을 뿐이야."

캐서린은 마주 잡은 그의 더러운 손가락과 자기 옷을 조심스럽게 살펴보았습니다. 그의 손이 옷에 닿아서 더러워질까 봐 두려웠던 겁니다.

"일부러 나를 만질 필요는 없어!"

히스클리프는 캐서린의 손을 뿌리치고 방에서 뛰쳐나갔습니다.

캐서린의 시중을 들고 나서 저는 케이크를 만들고 있었습니다.

서방님 내외는 린튼 댁 아이들에게 선물하려고 미리 사다 놓은 여러 가지 장난감을 캐서린에게 보여 주었습니다. 워더링 하이츠에서 크리스

마스 아침을 같이 보내자고 그 댁 아이들을 초대했더니, 린튼 부인은 아이들을 그 '입버릇 나쁜 망나니'와 한자리에 앉히지 않는다는 조건으로 초대를 승낙했습니다.

저는 음식이 익을 때 풍기는 구수한 냄새를 맡으면서 문득 옛일을 생각했습니다. 언쇼 어른은 깨끗하게 정돈된 집 안을 둘러보며 저를 칭찬하고, 크리스마스 용돈이라고 1실링짜리 하나를 손에 쥐어 주곤 하셨지요. 그러다가 그분이 히스클리프를 사랑하시던 일이며, 자기가 없으면 푸대접을 받을까 걱정하시던 일이 떠올랐습니다.

그런 생각을 하니 갑자기 울고 싶어졌습니다. 그래서 히스클리프를 찾으러 뜰로 나갔습니다. 그는 얼마 떨어지지 않은 마구간에서 어린 망아지의 매끄러운 털을 쓸어 주고, 다른 말들에게는 먹이를 주고 있었습니다.

"서둘러, 히스클리프. 일을 빨리 끝내면, 캐시 아가씨가 나오기 전에 말쑥하게 옷을 입혀 줄 테니까. 마침 조지프는 이층에 올라가고 없으니까, 너희 둘이 난로를 독차지하고 앉아서 잠들기 전까지 이야기해도 될 거야."

그러나 그는 묵묵히 일만 하고 뒤도 돌아다보지 않았습니다.

"빨리 와. 올 거지? 두 사람 몫의 케이크도 충분히 있어. 옷 입는 데만도 30분 정도는 걸릴 거야."

대답을 기다렸지만 히스클리프가 반응을 보이지 않아, 저는 그냥 안으로 들어왔습니다.

캐서린 아가씨는 오빠 내외와 같이 저녁 식사를 했습니다. 조지프와 저는 한쪽에서 잔소리를 하면 다른쪽에서는 무뚝뚝하게 받아넘기는 식으로 화목하지 못한 식사를 함께 하고 있었습니다. 히스클리프 몫의 케이크와 치즈는 밤이 이슥하도록 식탁 위에 남은 채 주인을 기다리고 있었습니다. 그는 9시까지 일손을 놓지 않고 버티더니, 힘없이 자기 방으로 들어갔습니다.

캐서린은 늦도록 자지 않고 새로 사귄 친구들을 맞을 준비를 하다가 히스클리프 생각이 났는지 부엌으로 왔습니다. 그러나 그가 보이지 않자, 무슨 일이냐고 묻고 곧 안으로 들어갔습니다.

다음 날 아침, 히스클리프는 일찍 일어났습니다. 그러나 그 날은 일요일이었기 때문에 기분이 언짢은 채로 벌판으로 나갔다가 집안 사람들이 교회에 갈 때가 되어서야 다시 나타났습니다.

먹지도 않고 생각에 잠겨 있다 보니 기분이 좀 가라앉았는지, 그는 제 옆에 와서 한참을 머뭇거리다가 말했습니다.

"넬리, 날 좀 깨끗하게 단장해 줘. 착해지고 싶어."

"잘 생각했어, 히스클리프. 아가씨는 너 때문에 슬퍼하고 있어."

"캐시가 슬프다고?"

그는 매우 심각한 표정으로 물었습니다.

"오늘 아침에도 네가 집에 없다니까 아가씨는 울었어."

"나도 어젯밤에 울었어. 울 사람은 캐시가 아니라 나야."

"저런! 자, 나는 식사 준비를 해야 하지만, 시간이 나는 대로 너를 멋지게 꾸며 줄게. 네 옆에 서면 에드거 도련님도 허수아비처럼 보일 정도로 말이야."

순간, 히스클리프의 표정이 밝아졌습니다. 그러나 곧 다시 어두워져서 고개를 떨구었습니다.

"하지만 넬리, 에드거처럼 크고 푸른 눈과 넓은 이마를 갖는 건 불가능하잖아."

"마음씨가 착하면 얼굴도 아름다워지는 법이란다. 자, 이제 세수도 하고 빗질도 끝내고 찡그린 얼굴도 펴 봐. 어때, 네가 봐도 잘났다고 생각되지 않니? 암, 잘나고말고. 변장한 왕자님 같구나. 너의 아버지는 중국의 황제였고 너의 어머니는 인도의 여왕님, 두 분의 일주일 수입만으로도 워더링 하이츠와 드러시크로스를 전부 사 버릴 만한 부자였는지 누가 아니? 너는 못된 뱃사람들에게 유괴당해서 영국으로 끌려왔는지도 모르지."

제가 그런 수다를 떠는 동안, 히스클리프는 찡그린 얼굴을 펴고 매우 즐거운 표정이 되었습니다. 그런데 마침 안뜰로 들어서는 마차 소리가 들려와 우리의 이야기가 중단되었습니다. 히스클리프는 창가로 달려가고, 저는 문 쪽으로 뛰어갔습니다. 린튼 댁 남매가 외투와 모피 속에 파묻혀서 자가용 마차에서 내리고, 언쇼 집안의 남매도 각각 말에서 내리고 있었습니다. 캐서린은 린튼 남매의 손을 하나씩 잡고 집 안으로 들어와 난롯가로 안내했습니다.

저는 히스클리프에게 어서 상냥한 표정을 지으라고 재촉했고, 그도 순순히 제 말을 들었습니다. 그러나 공교롭게도 그가 부엌 쪽에서 문을 열었을 때 힌들리 서방님이 반대쪽에서 문을 여는 바람에 두 사람이 맞부딪치고 말았습니다.

서방님은 그가 단정하고 유쾌한 것을 보고 화가 났던지, 아니면 린튼 부인과의 약속을 지키기 위해서였는지 그를 홱 밀어젖히고 조지프에게 소리쳤습니다.

"식사가 끝날 때까지 이놈을 다락방에 가두어 둬!"

"히스클리프도 우리와 다름없이 맛있는 음식을 나누어 먹을 권리가 있다고 생각하는데요."

제가 불쑥 나서서 말했습니다.

"흥! 어둡기 전에 내려오기만 해 봐라. 주먹맛을 보여 줄 테다. 꺼져 버려, 이 거지 새끼야! 너 같은 것이 멋을 부려 뭘 해. 그 멋있는 곱슬머리를 잡아당겨 볼까? 얼마나 길게 늘어지나 보게."

힌들리 서방님의 말에 에드거가 문간에서 들여다보며 한 마디 거들었습니다.

"잡아당기지 않아도 긴데요, 뭐. 꼭 망아지 갈기 같군요."

그러자 히스클리프는 손에 잡히는 대로 뜨거운 사과 소스가 담긴 그릇을 집어들어 에드거 쪽을 향해 던져 버렸습니다.

힌들리 서방님은 재빨리 히스클리프를 자기 방으로 끌고 갔습니다. 분명 거기서 그는 화를 가라앉히기 위해 난폭한 매질을 했던가 봅니다. 얼굴이 시뻘개져서 숨을 헐떡거리며 나왔으니까요. 저는 에드거에게 쓸데없는 참견을 했기 때문에 소스를 뒤집어썼다고 하면서 그의 코와 입을 다소 신경질적으로 문질러 닦아 주었습니다.

이사벨라가 집으로 돌아가자고 조르며 울기 시작하자, 캐서린은 속상해서 어쩔 줄 몰라하며 서 있었습니다.

"네가 쓸데없는 말을 해서 그래! 그애는 어제부터 기분이 좋지 않았어. 히스클리프는 매를 맞을 테지. 나는 그애가 매 맞는 것이 싫어!"

캐서린이 에드거를 원망하며 말했습니다.

"말을 시킨 게 아니야. 그놈하고는 한 마디도 안 하기로 엄마와 약속했기 때문에 난 말을 시키지 않았단 말이야."

소년은 흐느끼면서 저의 손을 뿌리치고 손수건을 꺼내어 남은 사과 소스를 닦았습니다.

"그럼 그만 울어. 너를 죽인 건 아니잖아. 더 이상 소란 피우지 마. 오빠가 온다. 조용히 해. 쉿, 이사벨라, 누가 널 때리기라도 했니?"

캐서린이 경멸조로 말했습니다.

"자아, 모두 제자리에 앉지! 에드거, 다음엔 주먹으로 본때를 보여 줘. 그러면 식욕이 날 테니까."

힌들리 서방님이 바삐 들어오며 소리쳤습니다.

아이들은 맛있는 음식을 보자 곧 조용해졌습니다. 마차를 타고 오느라 시장했던 참이었고, 다친 사람이 있는 것도 아니었기 때문에 금방 마음이 풀렸지요. 서방님은 고기를 썰어 접시마다 가득 담아 주고 안주인은 우스운 이야기로 아이들을 즐겁게 해 주었습니다.

저는 캐서린 뒤에서 시중을 들면서, 그녀가 눈물 한 방울 흘리지 않고 태연하게 앞에 놓인 거위 요리의 날갯살을 베기 시작하는 것을 보고 마음이 아팠습니다.

'매정한 것 같으니! 소꿉동무의 아픔을 조금도 헤아리지 않는군. 저렇게 쌀쌀맞은 줄은 미처 몰랐는걸.'

그 순간, 캐서린은 고기 한 조각을 입으로 가져가다 말고 접시에 내려놓았습니다. 그리고 양볼이 붉어지더니 주르르 눈물을 흘렸습니다. 그녀는 포크를 바닥에 떨어뜨리고, 그것을 집는 척 테이블 아래로 기어들어가더니 눈물을 흘렸습니다. 그 모습을 보자, 미움이 싹 사라졌습니다. 캐서린은 히스클리프가 걱정되어 바늘방석에 앉아 있는 기분이었던 것입니다.

저녁때 우리는 춤을 추며 놀았습니다. 캐서린은 이사벨라의 파트너가 없으니 히스클리프를 풀어 달라고 간청했지만, 소용이 없었습니다. 그래서 제가 이사벨라의 파트너가 되었습니다. 춤에 열중하다 보니 우리는 우울한 생각을 모두 잊어버렸습니다.

캐서린은 계단 꼭대기에서 음악을 들으면 더욱더 아름답게 들린다면서 캄캄한 곳으로 올라가기에 저도 따라갔습니다. 사람이 꽤 많아서인지 우리 두 사람이 사라진 것도 모르고 아래에서 거실 문을 닫아 버렸습니다.

캐서린은 계단 꼭대기까지 가서도 멈추지 않고 자꾸 올라가더니, 히스클리프가 갇혀 있는 다락방까지 올라가 그를 불렀습니다. 히스클리프는 고집스럽게도 한동안 대답이 없었으나, 아가씨가 끈질기게 말을 걸자 드디어 판자벽 너머로나마 이야기를 나눌 수 있게 되었습니다.

저는 그들의 대화를 방해하지 않고 내버려 두었다가, 노래가 끝나고 악사들이 가벼운 음식을 들 때쯤 되어서 올라가 보았습니다. 그런데 캐서린은 안 보이고 다락방 안에서 두 사람의 목소리가 들려왔습니다. 아가씨는 원숭이처럼 이쪽 방의 창문으로 해서 지붕을 타고 넘어가 그가 있는 다락방의 창문으로 들어갔던 것인데, 저는 그녀를 달래어 다시 끌어 내는 데 무척 애를 먹었습니다. 캐서린은 히스클리프를 데리고 나와서 저에게 그를 부엌으로 데리고 가 달라고 졸랐습니다.

저는 살며시 아래로 내려와서 히스클리프를 난롯가에 앉히고 맛있는 음식을 잔뜩 주었습니다. 그러나 그는 음식에는 손도 대지 않고, 두 손으로 턱을 괴고 앉아 조용히 생각에 잠겨 있었습니다. 제가 무슨 생각을 하느냐고 묻자, 그는 이를 악물고 대답했습니다.

"힌들리 녀석한테 어떻게 복수할까 생각 중이야. 아무리 시간이 걸리더라도 괜찮아, 그런데 먼저 저놈이 죽지나 않을까 걱정이야!"

"그런 소리 하지 마, 히스클리프. 악한 사람을 벌하는 것은 하느님께서 하실 일이야. 인간은 용서하는 법을 배워야 해."

"아니, 하느님이 벌주시는 것만으로는 내 맺힌 한이 풀리질 않아. 무슨 좋은 방법이 없을까? 혼자서 곰곰이 생각해 봐야겠어. 그런 생각을 하고 있으면 몸 아픈 것도 잊게 되거든."

고 백

이듬해인 1778년 여름, 그러니까 지금으로부터 23년 전인가요? 화창한 6월 어느 날 아침, 언쇼 가의 마지막 후손이 태어났습니다.

저희는 집에서 꽤 떨어진 들에서 건초를 만드느라 분주했는데, 항상 아침밥을 날라 오던 계집아이가 보통 때보다 한 시간이나 일찍 목장을 가로질러 좁은 길을 뛰어오면서 외쳤습니다.

"귀여운 아기가 태어났어요! 이 세상에 그렇게 잘생긴 아기는 없을 거예요. 하지만 의사 선생님 말씀이 아씨는 희망이 없대요. 오래 전부터 폐병을 앓고 계셨다나 봐요. 의사 선생님이 서방님하고 얘기하시는 것을 들었는데, 아마 겨울을 넘기지 못할 거래요. 아줌마가 아기를 키우게 될 거래요. 내가 아줌마라면 좋겠어요. 아씨가 돌아가시면 아기를 독차지할 테니까 말이에요."

"그래, 아씨가 그렇게 위험하시니?"

저는 갈퀴를 내던지고 모자의 끈을 매면서 물었습니다.

"그런가 봐요. 그런데 아기가 정말 예뻐요. 나 같으면 절대로 죽지 않을 거에요. 케네스 선생님이 뭐라고 하시든 아기를 보기만 해도 다 나을 것 같아요."

워더링 하이츠로 돌아와 보니, 힌들리 서방님이 문가에 서 있었습니다. 그래서 저는 그 곁을 지나 집 안으로 들어가면서 물었습니다.

"아기는 어때요?"

"넬리, 금방이라도 뛰어다닐 것 같아."

"아씨는요? 의사 선생님 말씀이 아씨는……."

서방님은 얼굴을 붉히며 제 말을 가로막았습니다.

"돌팔이 같으니! 프랜시스의 상태는 좋아. 내주 이맘때쯤이면 좋아질 거야. 이층에 올라갈 건가? 말없이 가만히 있는다고 약속한다면 내가 올라가겠다고 아내에게 전해 줘. 도대체 입을 다물려고 하지 않기에 내려와 버린 거야."

저는 그 말을 산모에게 전했습니다. 그러자 그녀는 들뜬 표정으로 명랑하게 대답했습니다.

"나는 별로 말도 안했는데 그이는 두 번이나 울면서 나갔어. 어쨌든 내가 말하지 않기로 약속한다고 전해 줘. 하지만 웃는 것까지는 막지 못해."

가엾은 분이셨어요! 일주일 후 숨을 거둘 때까지 그녀의 명랑한 기분은 변하지 않았어요.

어느 날 밤, 아씨가 서방님의 어깨에 몸을 기대고 다음 날이면 일어날 수 있을 것 같다는 말을 하려는 순간, 아주 가벼운 기침이 끓어올라왔습니다. 그리고 서방님이 안아 올리자 아씨는 그 목에 두 팔을 감았는데, 곧 안색이 변하면서 눈을 감고 말았습니다.

그 계집애의 말대로 헤어튼 도련님은 제게 맡겨졌습니다.

힌들리 서방님은 점점 실의에 빠졌습니다. 그는 울지도 않고 기도를 드리지도 않았습니다. 대신 욕하고 싸우고 하느님과 사람들을 저주했습니다.

하인들도 그의 난폭한 행동을 견디지 못하고 나가 버리고 조지프와 저만 남게 되었습니다. 저는 제가 맡은 아기를 도저히 버릴 수가 없었을 뿐만 아니라, 전에도 말씀드린 것처럼 서방님과는 젖을 나눠 먹은 사이이기 때문에 그의 행실을 다른 사람보다는 너그럽게 보아 주었던 거지요.

히스클리프를 대하는 서방님의 태도는, 성자라도 악마로 변하게 할 정도였습니다.

그 때의 지옥 같은 집안 사정은 말로 다할 수 없을 정도였습니다. 드디어는 부목사님도 발길을 끊으시고, 점잖은 집안 사람은 아무도 가까이하려 하지 않았습니다. 다만 에드거 린튼만이 캐서린을 찾아올 뿐이었습니다.

에드거는 좀처럼 당당하게 워더링 하이츠를 방문할 용기를 내지 못했습니다. 힌들리 서방님에 대한 소문을 듣고는 겁을 먹고 마주치기를 꺼려했지요. 그러나 그분은 항상 우리 집에서 최고의 대접을 받았습니다. 서방님 자신도 그 방문의 목적을 알고 있었기 때문에 기분 상하지 않게 하려 했고, 의젓하게 행동할 수 없을 때엔 오히려 자리를 피했습니다.

어느 날 오후, 힌들리 서방님이 외출하자 히스클리프는 그 틈을 타서 일을 쉬기로 했습니다.

그는 일을 쉬겠다는 말을 하려고 집으로 돌아왔습니다. 그 때 저는 캐서린의 옷을 입혀 주고 있었습니다. 아가씨는 그가 일을 쉴 생각이라는 것은 짐작도 못했습니다. 그래서 온 집안을 독차지하게 되었다고 생각하고, 오빠가 없다는 것을 에드거에게 알린 다음 그를 맞아들일 준비를 하고 있었던 것입니다.

"캐시, 오늘 오후에 어디 갈 거니?"

히스클리프가 물었습니다.

"아니, 비가 오고 있잖아."

"그런데 왜 비단옷을 입었지? 혹시 찾아올 손님이 있는 거야?"

"내가 알기론 찾아올 사람이 없어. 하지만 히스클리프, 너는 지금 밭에서 일할 시간이야. 점심 시간이 이미 한 시간이나 지났어. 밭에 나가고 없는 줄 알았어."

아가씨가 더듬거리며 말했습니다.

"그 밉살스런 힌들리 녀석 꼴 안 보는 날이 드물거든. 오늘은 일을 그만 하고 너와 함께 있을 생각이야."

"하지만 조지프가 오빠에게 모두 이를걸. 일하러 나가는 게 낫지 않겠니?"

"조지프 영감은 페니스톤 절벽 저편에서 석회를 싣고 있어. 밤이 되어야 일이 끝날 텐데, 알 리가 없지."

이렇게 말하면서 그는 천천히 난롯가에 와서 앉았습니다. 아가씨는 잠시 미간을 찌푸린 채 생각에 잠겼습니다. 방문하는 손님을 위해서도 일을 적당히 처리할 필요가 있었으므로, 용기를 내어 말했습니다.

"사실은 오늘 오후에 이사벨라와 에드거가 오기로 했어. 비가 오니까 안 올지도 모르지만, 혹시 올지도 모르지."

"넬리를 시켜 바쁘니까 돌아가라고 해, 캐시. 그 가소롭고 바보 같은 네 친구라는 것들 때문에 나를 내보내진 마. 나는 불만스러운 때가 한두 번이 아니야. 도대체 그것들은……. 그만두자."

"그 애들이 어쨌다는 거야?"

캐서린이 난처한 표정으로 히스클리프를 쳐다보면서 외쳤습니다. 그리고 머리를 만져 주던 저의 손을 휙 뿌리쳤습니다.

"아이, 넬리! 그렇게 마구 빗질하면 머리가 풀어지잖아. 그만 하고 나가 봐. 무엇 때문에 불만스럽다는 거지, 히스클리프?"

"아무것도 아니야. 그렇지만 저 벽에 걸린 달력을 좀 봐. 십자표는 네가 린튼네 오누이와 같이 보낸 저녁이고, 동그라미는 나와 같이 보낸 날이야. 알겠어? 나는 매일 표시했던 말이야."

"그럼 내가 항상 너와 같이 앉아 있으란 말이니? 그런 일이 재미있을 것 같아? 너는 말주변이 없어서, 벙어리 아니면 어린애 같잖아."

아가씨는 몹시 짜증스러워하면서 따졌습니다.

"너는 지금까지 한번도 내가 말이 없다거나 나를 상대하기 싫다고 불평해 본 적이 없었어, 캐시!"

히스클리프는 벌떡 일어났습니다. 그러나 그에게는 더 이상 자기 감정을 드러낼 시간이 없었습니다. 자갈길을 지나오는 말발굽 소리가 들려 왔으니까요. 곧이어 에드거가 가만히 노크하고 들어왔는데, 뜻밖의 초대를 받은 기쁨으로 그의 얼굴은 밝게 빛나고 있었습니다.

"너무 빨리 왔나 보군요?"

에드거는 저를 흘끗 곁눈질하며 말했습니다.

"아니에요. 넬리, 거기서 뭘 하고 있지?"

"일을 하고 있지요, 아가씨."

저는 찬장을 닦으면서 대답했습니다. 힌들리 서방님은 에드거가 혼자 찾아왔을 때엔 항상 함께 있으라고 지시했던 것입니다.

아가씨는 제 뒤에 와서 화가 난 듯 투덜거렸습니다.

"행주를 가지고 나가 있어. 손님이 계실 때 그 앞에서 닦고 쓸고 하면서 수선을 떠는 건 실례야."

"미안해요, 아가씨."

그러면서도 저는 열심히 제 일을 계속했습니다.

그랬더니 캐서린은 행주를 빼앗고 제 팔을 아프게 비틀어 꼬집었습니다. 저는 벌떡 일어서며 큰 소리로 외쳤습니다.

"아얏! 이렇게 심하게 꼬집다니, 아가씨도 정말 너무해요!"

"난 손도 안 댔어, 이 거짓말쟁이야!"

캐서린은 화가 나서 귀밑까지 빨개져서는 또다시 꼬집으려고 손가락을 꼼지락거렸습니다.

"그럼 이건 뭐예요?"

저는 퍼렇게 멍든 팔을 보여 주었습니다.

캐서린은 발을 구르며 잠시 망설이더니, 치밀어오르는 말괄량이 기질을 억누르지 못하고 제 뺨을 갈겼습니다. 얼마나 아픈지 눈물이 핑 돌더군요.

"캐서린, 아니, 캐서린!"

에드거는 자기가 사랑하는 여자가 저지른 거짓말과 폭행을 보고 깜짝 놀라 참견을 했습니다.

헤어튼은 저를 어디든지 따라다녔는데, 제가 우는 걸 보고 따라 울기 시작했습니다. 아기는 훌쩍거리면서 '못된 캐시 고모'에 대해서 항의했는데, 그로 인해 아가씨의 분풀이는 이 운수 사나운 아이에게로 향했습니다.

캐서린은 아기의 어깨를 붙잡고 그 얼굴이 파랗게 질리도록 마구 흔들어 댔습니다. 에드거는 얼결에 아기를 구하려고 그녀의 손을 잡았습니다. 그러자 아가씨는 결코 장난이라고는 생각할 수 없을 만큼 세게 에드거의 뺨을 후려갈겼습니다.

에드거는 깜짝 놀라서 물러나고, 저는 아기를 안고 부엌으로 데리고 가면서 말소리가 들리도록 방문을 열어 놓았습니다. 두 사람의 싸움이 어떻게 해결되는지 알고 싶었기 때문입니다.

모욕을 당한 손님은 파랗게 질려 입술을 파르르 떨면서 모자를 집으러 갔습니다.

"어디 가는 거예요?"

아가씨가 문 쪽으로 다가서며 물었습니다.

에드거는 그녀를 비켜서 지나가려고 했습니다.

"가지 마세요!"

캐서린이 힘주어 외쳤습니다.

"아뇨, 가겠어요."

에드거가 애써 차분한 목소리로 대답했습니다.

"안 돼요. 아직은 못 가요, 에드거 린튼. 앉으세요. 이렇게 가시게 할 수는 없어요. 그랬다가는 저는 밤새도록 괴로워할 테니까요. 난 당신 때문에 괴로워하고 싶지 않아요."

"당신이 내 뺨을 때렸는데도 이대로 앉아 있어야 할까요?"

에드거가 묻더군요. 아가씨는 잠자코 있었습니다.

"난 당신이 무섭고, 또 나 자신이 부끄러워졌소. 다시는 당신을 찾아 오지 않겠소."

아가씨는 이슬이 맺힌 두 눈을 연방 깜빡거렸습니다.

"그리고 당신은 일부러 거짓말을 했어요!"

"그게 아니에요! 고의적인 것은 없어요. 갈 테면 가세요. 가시라구요. 그럼 저는 울 거예요. 병이 나서 죽도록 울겠어요."

캐서린은 의자 옆에 털썩 주저앉아 목을 놓아 울기 시작했습니다.

에드거는 결심을 굽히지 않고 앞마당까지 나갔는데, 휙 돌아서서 서둘러 집 안으로 들어가더니 문을 닫아 버렸습니다.

얼마 후, 힌들리 서방님이 몹시 취해 돌아왔습니다. 곧 온 집안이 수라장이 될 거라고 알리러 들어간 저는, 두 사람이 싸우고 나서 오히려 더 가까워졌다는 사실을 눈치챘습니다.

서방님이 돌아왔다는 말을 듣자, 에드거는 서둘러 말을 몰고 돌아가고 캐서린은 자기 방으로 올라갔습니다.

저는 헤어튼을 숨기고, 서방님의 엽총에서 총알을 빼 놓으려고 갔습니다. 서방님은 술에 취하면 곧잘 엽총 장난을 했습니다. 그럴 때 누구든지 그의 비위를 거슬리거나 지나치게 신경을 건드리는 사람은 목숨이 위태로웠으므로, 총알을 미리 뽑아 놓을 생각을 했던 것입니다.

서방님은 무서운 저주의 말들을 퍼부어 대면서 들어오다가 제가 아기를 부엌 찬장 속에 숨기는 것을 보았습니다.

"자아, 이번에야말로 찾아 냈다! 너희들은 저 아이를 죽일 작정이었지? 아이가 눈에 안 띄던 까닭을 이제야 알았어. 난 지금 케네스를 블랙호스 늪 속에 거꾸로 처박고 오는 길이야. 하나나 둘이나 그게

폭풍의 언덕 ▓ 57

그거니까, 너희들도 죽여 버리겠다!"

힌들리 서방님은 제 목덜미를 움켜쥐고 으름장을 놓더니, 이번에는 어린 헤어튼에게 소리를 질렀습니다.

"헤어튼, 이리 나와! 인심 좋아 항상 속고만 사는 아비를 업신여기면 어떻게 되는지 맛을 보여 주마. 자, 이 녀석의 머리를 짧게 깎으면 더 똑똑해 보이겠지? 가위 좀 가져와. 쉿, 아가, 그만 울어. 뚝 그치고 내게 키스해 다오."

불쌍한 헤어튼은 아버지의 품에서 벗어나려고 발버둥을 치며 울부짖었습니다. 그러다가 아버지가 이층으로 끌고 가서 난간 위에 올려 놓았을 땐 비명 소리가 갑절이나 커졌습니다. 저는 허둥지둥 힌들리 서방님을 뒤따라갔습니다.

서방님은 난간 위에 엎드려 아래층에서 나는 소리에 귀를 기울이느라고 손에 잡은 것이 무엇인지 거의 의식하지 못하는 상태였습니다. 누군가 계단 아래에서 다가오는 소리가 들렸습니다.

"거기 누구야?"

힌들리 서방님이 소리쳤습니다.

저는 그것이 분명 히스클리프의 발소리인 것 같아 가까이 오지 말라는 신호를 보내려고 했습니다. 그런데 그 순간, 발버둥치던 헤어튼은 아버지의 품에서 빠져 나와 밑으로 떨어졌습니다.

눈앞이 캄캄했으나, 우리는 곧 아기가 안전하다는 것을 알았습니다. 그 아슬아슬한 때에 히스클리프가 마침 그 아래를 지나가다가, 자기도 모르게 떨어지는 아이를 받았던 것이지요.

히스클리프는 아이를 바닥에 내려놓고 난간 위를 쳐다보았습니다. 둘도 없는 복수의 기회를 헛되이 놓쳐 버린 것이 뼈저리게 억울하다는 표정이었습니다.

그제야 술이 깬 서방님은 멋쩍은 얼굴로 천천히 내려왔습니다.

"네 잘못이야, 넬리! 아이를 보이지 않는 곳에 숨겨 두어야 하는 건데. 그렇지 않으면 내 손에서 아이를 빼앗아 놓았어야지. 어디 다친 데는 없나?"

저는 화가 나서 버럭 소리를 질렀습니다.

"뭐라구요? 죽지 않았으면 바보가 됐겠지요. 오오, 어째서 아기 엄마가 무덤에서 일어나 아빠가 아기를 어떻게 다루나 보러 오지 않는지 몰라!"

"당장 그놈을 데리고 꺼져! 내 눈에 띄지 않는 곳으로 말이야."

그러면서 서방님은 찬장에서 브랜디 병을 꺼내어 술잔에 따랐습니다.

"힌들리 서방님, 제 말 좀 들으세요. 서방님 자신을 위해선 아깝지 않을 목숨이라도 이 가엾은 아이를 위해서 그러시면 안 돼요."

"누가 길러도 나보다는 나을 거야."

힌들리 서방님이 말했습니다.

"자신의 영혼을 소중히 여기세요."

"그런 소리 마! 반대로 내 영혼을 지옥으로 보내서 내 영혼을 만든 신을 처벌했으면 좋겠어. 자, 내 영혼의 완전한 파멸을 위해서 건배!"

술을 마시며 힌들리 서방님은 귀찮다는 듯 우리에게 나가라고 손짓했습니다.

저는 아기를 재우기 위해 부엌으로 들어갔습니다. 히스클리프는 헛간으로 간 줄 알았는데, 후에 알고 보니 난롯불에서 멀리 떨어져 벽가에 놓인 의자 위에 조용히 누워 있었습니다. 등받이가 높은 의자에 가려서 보이지 않았던 것입니다.

저는 헤어튼을 무릎 위에 앉히고 흔들면서 자장가를 흥얼거렸습니다. 그 때, 캐서린이 자기 방에서 이 소동에 귀를 기울이고 있다가 내려와 빠끔히 들여다보며 속삭였습니다.

"넬리, 혼자 있어?"

"그래요, 아가씨."

그녀는 들어와서 난롯가로 다가왔습니다. 저는 하고 싶은 말이 있나 싶어 그녀를 바라보았습니다. 그 얼굴에는 불안하고 걱정스러운 기색이 어려 있었습니다. 무슨 말을 하려는 듯 입술을 반쯤 벌리고 숨을 들이쉬었으나, 말 아닌 한숨이 새어 나올 뿐이었습니다.

저는 좀전에 그녀가 내게 한 행동을 잊지 않고 있었으므로, 쳐다보지도 않고 노래만 불렀습니다.

"오오. 넬리! 나는 참 불행해!"

드디어 캐서린이 소리쳤습니다.

"그거 안됐군요."

"넬리, 비밀을 지켜 주겠어?"

그녀가 제 옆에 무릎을 꿇고 앉아서, 물불을 가릴 수 없게 치미는 화조차도 가시게 하는 그 매력적인 눈초리로 저를 바라보았습니다.

"지킬 만한 비밀인가요?"

저는 화가 좀 가라앉은 목소리로 물었습니다.

"물론이야. 너무 마음이 괴로워서 꼭 털어놓아야겠어! 어떻게 해야 할지 말해 줘. 오늘 에드거 린튼이 청혼하기에 나는 대답을 해 버렸어. 넬리, 내가 잘했는지 어떤지 말해 봐!"

"승낙했다구요? 그러면 그 문제에 대해 이러니저러니해서 뭘 해요?"

"하지만 내가 승낙한 것이 잘한 짓인지 말해 봐, 어서!"

그녀는 짜증스러운 투로 말하면서, 두 손을 마주 비비고 얼굴을 찡그렸습니다.

"아가씨는 에드거 도련님을 사랑하시나요?"

"사랑하지 않고 어떻게 승낙해? 물론 사랑하지."

그 다음에 저는 아래와 같은 여러 가지 질문을 연달아 던졌습니다.

"왜 그분을 사랑하지요, 아가씨?"

"그게 무슨 소리야? 사랑한다면 그것으로 충분하지."

"꼭 대답하셔야 해요."

"글쎄, 그이는 잘생기고 같이 있으면 즐겁기 때문이겠지."

"그걸로는 안 돼요."

"그리고 그이는 젊고 명랑하니까."

"사람은 항상 잘생기고 젊지도 않을 테고, 죽을 때까지 부자로 있으란 법도 없죠."

"현재 그렇다는 거지. 나는 지금이 중요해."

"그렇다면 할 수 없죠. 그렇게 현재가 중요하다면 린튼 씨와 결혼하세요."

"난 넬리의 허락을 받으려는 게 아니야. 나는 누가 뭐래도 그이와 결혼하고 말 테니까. 그런데 아직 내가 결정을 잘한 건지 못한 건지 말해 주지 않았잖아."

"잘했어요. 현재만 보고 결혼하는 것이 옳다고 한다면 분명 잘했어요. 이 어둡고 재미없는 집에서 나가 부잣집 아씨가 될 텐데, 어디에 문제가 있다는 거예요?"

"그게 내 비밀이야. 나를 놀리지 않는다면 말해 줄게. 뭐라고 꼬집어 말할 수는 없지만 그 느낌만은 설명할 수 있어."

캐서린은 다시 제 곁에 앉았습니다. 그 얼굴은 슬픈 빛을 띠었고 깍지낀 두 손은 떨리고 있었습니다.

"언젠가 천국에 간 꿈을 꾸었어. 내가 지상으로 돌아오고 싶어서 엉엉 울었더니 화가 난 천사들이 나를 워더링 하이츠의 히스 숲 한복판에 내던져 버렸어. 난 너무 기뻐서 울다가 잠에서 깼어. 이것이 내 비밀에 대한 설명이 되는 거야. 천국에 가고 싶지 않은 것과 마찬가지로 에드거 린튼과의 결혼도 그래.

오빠가 히스클리프를 저렇게 천한 인간으로 만들지만 않았더라면, 에드거와의 결혼은 생각지도 않았을 거야. 내가 얼마나 히스클리프를 사랑하고 있는지 그는 모를 거야. 그가 잘나서가 아니라, 그는 나 이상으로 나 자신과 닮았기 때문이야."

이 말이 채 끝나기도 전에 저는 히스클리프가 주위에 있다는 것을 알아차렸습니다. 무언가가 움직이는 기척이 나서 고개를 돌려 보니, 그가 긴의자에서 일어나 슬그머니 나가고 있었습니다.

그러나 아가씨는 바닥에 앉아 있었기 때문에 긴의자에 그가 있었다는 것도, 이야기를 듣고 나가 버렸다는 것도 몰랐습니다. 흠칫 놀란 저는 '쉿!' 하고 아가씨에게 조용히 하라고 했습니다.

"왜 그래?"

아가씨가 불안한 듯 주위를 살펴보았습니다.

"조지프가 왔어요. 히스클리프도 같이 들어오겠지요. 이미 문간에 와 있지나 않았는지 모르겠어요."

"어머나! 문간에서 다 엿듣지는 않았을까? 헤어튼은 내가 볼 테니 저녁밥이나 지어. 그리고 저녁 준비가 끝나면 나와 같이 먹어. 히스클리프가 우리 이야기를 못 들었다고 생각하고 싶어. 못 들었겠지? 그는 사랑이 뭔지 몰라."

그 때 조지프가 들어오는 바람에 우리의 대화는 끊어졌습니다.

그날 저녁 식사 시간이었습니다. 힌들리 서방님은 술에 취해 잠들어 있었고, 히스클리프의 자리는 비어 있었습니다.

저는 밖으로 나가 히스클리프를 불러 보았지만 대답이 없었습니다.

저는 아가씨에게 아까 우리가 한 말을 분명 히스클리프가 다 들었을 거라고 조용히 일러 주었습니다. 그랬더니 아가씨는 놀라 직접 그를 찾으러 뛰어나갔습니다. 한참 만에 돌아온 아가씨는 조지프에게 빨리 큰길 쪽으로 나가 보라고 일렀습니다.

조지프는 처음엔 싫다고 했지만, 아가씨가 워낙 불안해했기 때문에 할 수 없이 투덜거리며 모자를 들고 나갔습니다.

그 동안 캐서린은 마루를 서성이며 외쳤습니다.

"어디로 갔을까? 도대체 어딜 간 거야, 넬리? 내가 뭐라고 말했었지? 잊어버렸어. 아, 돌아오지 않으면 어떻게 하지?"

"별일도 아닌 걸 가지고 뭘 그리 걱정이세요! 히스클리프는 달밤에 벌판으로 산책을 나갔거나, 우리와 말하기조차 싫어서 건초장 움막에 드러누워 있거나 할 텐데, 뭘 그리 야단이에요?"

말은 그렇게 했지만, 저 역시 속으로는 무척 불안했습니다.

저는 다시 찾으러 나갔습니다. 그러나 헛수고였습니다. 조지프도 마찬가지였습니다.

"그놈이 대문을 열어 놓는 바람에 아가씨의 망아지가 보리를 두 이랑이나 짓밟고 목장 쪽으로 달아났단 말이야. 어쨌든 내일이면 주인 양반이 난리를 치겠군."

무척이나 어두운 여름밤이었어요. 시커먼 구름을 보아서는 금방이라도 천둥이 칠 것 같았습니다. 비가 쏟아지면 틀림없이 제 발로 걸어 돌아올 것이므로, 저는 모두 앉아서 기다리자고 했습니다.

그러나 아가씨는 가만히 앉아 있지 못했습니다. 몹시 불안해하면서 줄곧 현관에서 문 사이를 서성거렸습니다. 그러다가 결국 길 가까운 담 옆에 붙어 선 채, 제가 아무리 말려도 천둥이 치고 굵은 빗방울이 떨어지기 시작했는데도 그 곳에 서서 히스클리프를 부르다가, 귀를 기울이

다가, 엉엉 소리 내어 울기도 했습니다.

　우리는 깊은 밤이 되어도 잘 수가 없었습니다. 폭풍우는 무서운 기세로 워더링 하이츠의 언덕으로 불어닥쳤습니다.

　그러나 캐서린은 들어오라고 해도 듣지 않고 모자도 숄도 걸치지 않은 채 고집스레 밖에서 버티고 있었으므로, 머리고 옷이고 모두 흠뻑 젖었답니다.

　한참 후 그녀는 집 안으로 들어와서, 옷도 갈아입지 않고 의자에 깊숙이 기대앉더니 등받이 쪽으로 고개를 돌리고는 두 손으로 얼굴을 가렸습니다. 저는 아가씨를 달래 젖은 옷을 벗으라고 했지만, 아무리 말해도 듣지 않았습니다. 그래서 그냥 내버려 둔 채 헤어튼과 함께 잠자리에 들었습니다.

　보통 때보다 좀 늦게 아래층으로 내려가자, 문틈으로 새어들어 오는 햇빛 속에서 아가씨가 아직도 벽난로 앞에 앉아 있는 것이 보였습니다. 거실 문도 열려 있었습니다. 닫지 않은 창으로 햇빛이 비쳐들고 있었습니다. 힌들리 서방님은 벌써 나와서 부엌 난롯가에 서 있었는데, 헬쑥하고 피곤해 보이는 얼굴이었습니다.

　“캐시, 어디 아프냐? 꼭 물에 빠진 강아지처럼 처량해 보이는구나.”

　제가 들어갔을 때 그가 아가씨에게 그렇게 물어 보는 중이었어요.

　“비를 맞아서 추운 것뿐이에요.”

　아가씨가 억지로 대답했습니다.

　“엊저녁에 소나기를 흠뻑 맞은 채 거기 그대로 앉아 밤을 샜지 뭐예요. 제가 아무리 뭐라고 해도 꼼짝도 안 했어요.”

　저는 서방님이 술이 어느 정도 깬 것을 알고 말했습니다.

　힌들리 서방님은 놀라서 우리를 노려보았습니다.

　“밤을 새웠다고? 무슨 일로 안 자고 있었지? 설마 천둥이 무서워서 그랬던 건 아니겠지?"

캐서린과 저는 히스클리프가 집을 나간 사실을 숨기고 싶었습니다. 그래서 저는 무슨 이유로 자지 않았는지 모르겠다고 대답했고, 캐서린도 잠자코 있었습니다.

싱그럽고 상쾌한 아침이었습니다. 창문을 열자 정원으로부터 상큼한 향내가 들어왔습니다. 그러나 캐서린은 짜증스럽게 말했습니다.

"넬리, 문을 닫아 줘. 얼어 죽을 것 같아."

그리고 이를 딱딱 마주치며 꺼져 가는 불 앞으로 다가와 몸을 움츠렸습니다. 서방님은 아가씨의 손목을 잡더니 말했습니다.

"열이 있구나. 그래서 잠을 못 잤나 보군. 젠장, 더 이상은 집안에 환자가 생겨서 나를 속상하게 하는 일이 없었으면 좋겠어. 도대체 왜 빗속을 쏘다녔지?"

힌들리 서방님이 다그쳐 묻자, 아가씨는 그만 울음을 터뜨리고 말았습니다.

"히스클리프가 지난밤에 돌아오지 않았어요. 아마 멀리 떠나 버린 것 같아요."

아가씨가 슬프게 흐느끼며 말했습니다.

서방님은 동생에게 경멸에 찬 욕지거리를 퍼부으면서 당장 제 방에 들어가 가만히 있지 않으면 혼을 내겠다고 화를 냈습니다.

저는 억지로 아가씨를 방으로 끌고 들어갔습니다. 얼마나 슬퍼하는지 소름이 끼칠 정도였지요. 혹 미친 것이 아닐까 더럭 겁이 나서 저는 조지프에게 의사를 불러오게 했습니다.

아가씨를 진찰하고 나서 케네스 씨가 말했습니다.

"이거 큰일 났군. 열병에 걸렸어!"

그는 캐서린의 피를 뽑고 나서, 우유와 미음만 먹이고 잘 보살피라고 이르고 급히 돌아갔습니다.

캐서린이 누워 있는 동안 린튼 씨 부부가 여러 번 문병을 왔습니다. 아가씨가 회복기에 접어들자, 그들은 아가씨를 드러시크로스 저택으로 데리고 갔습니다.

우리로서는 매우 감사한 일이었지만, 그 친절이 오히려 화를 불러왔습니다. 부부가 함께 열병을 얻어서 며칠 간격을 두고 모두 세상을 떴으니까요.

캐서린은 더 거만해지고 신경질적이 되어 집으로 돌아왔습니다.

폭풍우가 불던 그날 밤 이후, 히스클리프에게서는 아무런 소식이 없었습니다.

그러던 어느 날, 캐서린의 신경질을 견디다 못한 제가 그만 히스클리프가 나가 버린 것도 모두 아가씨 때문이라고 말했습니다. 그로부터 몇 달 동안 아가씨는 심부름 시키는 일 외에는 저에게 어떤 말도 건네지 않았습니다.

그 얼마 후, 에드거와 캐서린은 결혼식을 올렸습니다. 바라던 것과는 달리, 저는 캐서린을 따라 이 곳으로 옮기게 되었습니다. 헤어튼이 다섯 살에 접어들어 막 글을 깨우치기 시작했을 때였습니다.

돌아온 히스클리프

드러시크로스 저택으로 옮긴 후, 생각한 것과는 달리 캐서린은 매우 얌전해졌습니다. 에드거 서방님을 지나칠 정도로 사랑하는 것 같았고, 시누이 이사벨라에게도 살뜰한 정을 쏟았습니다. 그들도 캐서린의 마음을 편하게 해 주려고 무척 애를 썼습니다.

그렇게 반년쯤 지난 9월의 어느 아늑한 저녁, 저는 사과밭에서 주운

과일을 담은 무거운 바구니를 들고 들에서 집으로 가고 있었습니다.

저는 부엌문 앞 계단에 바구니를 내려놓고 아늑하고 상큼한 밤공기를 들이마시며 잠시 쉬고 있었습니다. 현관을 등진 채 달을 바라보고 있는데, 뒤에서 누군가 저를 부르는 소리가 들려왔습니다.

"넬리, 혹시 넬리 아니오?"

낯선 목소리였지만, 제 이름을 부르는 말씨가 귀에 익었습니다.

누굴까 궁금해하며 돌아보았습니다. 현관에서 움직이는 사람의 그림자가 보였습니다. 가까이 가 보니, 검은 옷에 얼굴과 머리가 검고 키가 큰 사람이 서 있었습니다.

"이곳에서 한 시간이나 기다리고 있었소. 그런데 주위가 쥐죽은 듯 조용하더군. 그래서 도저히 들어갈 수가 없었지."

뚫어지게 바라보고만 있는 저에게 그가 말했습니다.

그의 모습이 달빛에 드러났습니다. 뺨은 검은 구레나룻으로 반쯤 덮여 있고, 눈썹은 험상궂고, 두 눈은 깊숙이 박혀 야릇하게 빛나고 있더군요. 저는 그 눈을 기억해 냈습니다.

저는 너무 놀란 나머지 두 손을 쳐들었습니다.

"어머나! 히, 히스클리프인가요?"

"맞소, 히스클리프요! 넬리, 당신은 내가 반갑지 않은가 보군! 그렇게 놀랄 것까진 없어요. 캐시는 이곳에 없나요? 잠깐 얘기나 나누었으면 좋겠는데……. 가서 기머튼에서 온 어떤 사람이 만나고 싶어 한다고 전해 줘요."

"아씨는 어떻게 생각하실까요? 아마 아씨도 깜짝 놀라실 거예요!"

"어서 가서 내 말이나 전해 줘요. 난 지금 초조해서 미칠 것만 같단 말이오."

저는 안으로 들어갔습니다. 그러나 린튼 부부가 있는 거실까지 선뜻

들어설 용기가 나지 않았습니다. 드디어 저는 촛불을 켠다는 핑계를 대기로 마음먹고 문을 열었습니다.

두 부부는 창가에 나란히 앉아 있었습니다. 두 분도, 그들이 앉아 있는 방 안도, 보고 있는 경치도 모두 너무 평화로워 보였습니다.

저는 주저하면서 전갈을 미루다가, 결국 촛불을 켤지 물어 본 다음 히스클리프의 말을 전하지도 못한 채 그냥 나와 버렸습니다. 그러나 곧 제가 어리석다는 생각이 들어 다시 들어가서 말했습니다.

"기머튼에서 오신 분이 아씨를 만나고 싶어합니다."

"무슨 일로?"

캐서린이 물었습니다.

"물어 보지 않았습니다."

"그럼 커튼을 닫아 줘요, 넬리. 그리고 차를 가져오도록. 나는 금방 돌아올 테니까."

아씨가 밖으로 나가자, 서방님이 누구냐고 물었습니다.

"아씨에겐 뜻밖의 분이세요. 히스클리프라고, 기억하실지 모르지만 언쇼 댁에 살던 사람 말이에요."

"뭐라고! 그 집시 머슴 녀석 말인가? 왜 아씨에게 그렇게 말하지 않았지?"

에드거 서방님은 정원이 내려다보이는 건너편 창가로 걸어갔습니다.

"여보, 거기 서 있지 말고 안으로 모시고 들어와요! 특별한 손님이라면 말이오."

곧 캐서린이 숨가쁘게 이층으로 달려 올라왔는데, 너무 좋아서 어쩔 줄 몰라 했습니다. 정말이지 그 표정만 보아서는 큰일이라도 일어난 것처럼 흥분하고 있었습니다.

"아아, 여보, 여보! 히스클리프가 돌아왔어요. 히스클리프가요!"

캐서린은 숨이 턱에 차서 두 팔을 서방님의 목에 감았습니다.

"그렇다고 내 목을 조르진 마오. 히스클리프가 당신에게 그토록 귀한 존재인 줄은 정말 몰랐소."

서방님이 무뚝뚝하게 대꾸했습니다.

"참, 당신은 그를 좋아하지 않았지요. 하지만 저를 위해서 지금부터라도 당신은 그와 친하게 지내셔야 해요. 올라오라고 할까요?"

"이리로? 이 거실로 말이오?"

"아니면 어디로요?"

서방님은 화가 나서 그에게 알맞은 곳은 부엌일 것이라고 말했습니다. 캐서린은 까다로운 남편을 노여움 반, 비웃음 반의 장난스러운 표정으로 쳐다보며 말했습니다.

"안 돼요. 나는 부엌에 앉아 있지 않겠어요. 넬리, 여기 탁자를 두 개 갖다 줘. 하나는 고귀하신 주인님과 이사벨라 아가씨를 위한 것이고, 다른 하나는 천한 히스클리프와 나를 위해서 말이야. 그럼 되겠지요, 여보? 아니면 다른 방에 불을 켜도록 할까요? 나는 뛰어내려가서 손님을 모셔 와야겠어요. 너무 기뻐서 꿈만 같아요!"

캐서린이 다시 뛰어내려가려 하자, 에드거 서방님이 붙잡으며 저에게 일렀습니다.

"자네가 내려가서 올라오라고 전해 주게. 그리고 캐서린, 기뻐하는 것은 좋지만 이성을 잃지는 마오. 도망갔던 하인을 마치 친오빠나 되는 것처럼 반기는 당신 모습을 온 집안 식구들에게까지 보일 필요는 없으니까."

내려가 보니, 히스클리프는 현관에서 기다리고 있었습니다.

잠자코 따라 올라온 그를 거실로 안내했더니, 그 동안 두 분은 심한 말다툼을 벌였는지 얼굴이 벌겋게 상기되어 있었습니다.

그러나 히스클리프가 문에 나타나자 캐서린은 얼른 뛰어와 그의 손을 잡고 남편에게로 데리고 갔습니다. 그리고 망설이는 서방님의 손을 잡아 히스클리프의 손에 쥐어 주었습니다.

난롯불과 촛불에 환하게 드러난 히스클리프의 모습에 저는 무척 놀랐습니다. 그는 키가 훤칠하고 운동 선수처럼 몸에 균형이 잡혀서, 그 옆에 선 서방님이 오히려 소년처럼 나약해 보였습니다. 그 꼿꼿한 자세는 군대에라도 다녀오지 않았나 하는 생각이 들게 했습니다.

표정도 훨씬 의젓하고 이목구비가 뚜렷해서, 옛날의 비천한 흔적은 찾아볼 수 없이 위엄조차 있어 보였습니다.

에드거 서방님의 놀라움은 저보다 더하면 더했지 덜하지는 않았습니다. 그는 방금 머슴 녀석이라고 부르던 사람에게 어떻게 말을 걸어야 할지 잠시 말문이 막혔습니다. 히스클리프는 서방님의 가냘픈 손을 놓고 그가 입을 열 때까지 냉정하게 바라보고만 있었습니다.

"앉으시오."

드디어 서방님이 말문을 열었습니다.

"아내는 옛날을 생각하여 내가 당신을 정중히 맞아 주기를 바라는 모양입니다. 물론 아내가 기뻐하면 저도 흐뭇합니다."

"저도 그렇습니다. 제가 한몫 낄 수 있는 일이면 더욱 그렇습니다. 기꺼이 한 두어 시간 폐를 끼치겠습니다."

히스클리프는 아씨의 맞은편 자리에 앉았는데, 시종 그의 얼굴만을 바라보고 있는 아씨의 표정은 눈길을 다른 데로 돌리면 그가 사라져 버릴까 봐 두려워하는 것 같았습니다.

"무정한 히스클리프! 당신은 이렇게 환영받을 자격이 없어요. 3년 동안이나 소식도 없이 내 생각은 전혀 하지 않았을 테니!"

"캐시, 나는 얼마 전에 당신이 결혼했다는 소식을 들었소. 그래서 저 아래 뜰에서 기다리는 동안 이런 작정을 했었소. 깜짝 놀라거나 반가워하는 척하거나 간에 그저 당신 얼굴이나 한번 본 다음, 힌들리에게 복수를 하고 스스로 목숨을 버리려 했소. 그런데 이렇게 당신의 환대를 받고 보니 그런 생각이 모조리 가서 버렸소. 다음에 만나더라도 마음 변치 말아요.”

손님은 그날 밤에는 한 시간 이상 머물지 않고 돌아갔습니다. 제가 기머튼으로 돌아가는 것이냐고 물었더니, 이렇게 대답하더군요.

“아니, 워더링 하이츠로 가지. 오늘 아침 찾아갔을 때 힌들리가 나를 초대했으니까.”

그가 가 버린 후, 저는 그의 말을 곰곰이 되새겨 보았습니다. 그는 위선자가 되어서 양의 탈을 쓰고 행패를 부리려고 이 마을에 돌아온 것일까? 아무리 생각해 보아도 저는 그가 다른 곳으로 가 버리는 편이 나을 것 같았습니다.

한밤중에 캐서린 아씨가 살그머니 제 방으로 들어와, 침대 옆에 앉아서 머리카락을 잡아당기는 바람에 저는 단잠에서 깨어났습니다.

“넬리, 난 도저히 잠을 잘 수가 없어. 난 누가 나와 함께 내 행복을 느껴 주었으면 좋겠어. 에드거는 자기에게 흥미없는 일에 내가 열중한다고 화가 나서 입도 열려고 하지 않고, 기껏 한다는 소리가 바보 같은 불평이라니까. 내가 히스클리프를 몇 마디 칭찬했더니, 두통이 나는지 질투가 나는지 울기 시작하기에 내버려 두고 나와 버렸지.”

“서방님 앞에서 히스클리프 칭찬을 하다니, 무슨 짓이에요? 서방님에게 싸움을 걸 생각이 아니라면, 다시는 서방님 앞에서 그 사람 이야기는 꺼내지 마세요.”

“그게 바로 자기 약점을 드러내는 거지 뭐야? 이사벨라의 금발이 아름답고 살결이 희다 해서, 또 태도가 우아하고 온 집안 식구가 그녀를 좋아한다고 해서 기분 나쁘게 생각한 적은 없었어. 가끔 우리 두 사람이 다툴 때면 넬리는 항상 그녀 편을 들었지? 그러면 나는 너그러운 어머니처럼 이사벨라에게 양보를 하고, 마음이 풀리도록 비위까지 맞추어 주었잖아. 우리가 서로 정답게 지내는 것을 남편이 좋아하니까, 그렇게 했던 거야. 하는 수 없이 두 사람의 비위를 맞추고는 있지만, 따끔한 맛을 보여 주는 것도 좋은 방법이라는 생각이 들어."

캐서린이 고집스럽게 말했습니다.

"잘못 아셨어요, 아씨. 그분들이 아씨 비위를 맞추고 계신 겁니다. 그건 그렇고, 히스클리프가 워더링 하이츠에 머무는 것을 어떻게 생각하세요?"

제가 물었습니다.

"거기에 대해서 자세히 말해 주더군. 나도 넬리만큼이나 그것이 궁금했거든. 사실은 넬리가 아직 그 곳에서 지내고 있는 줄 알고 내 소식을 듣기 위해서 찾아갔대. 그런데 방 안에서는 마침 사람들이 카드놀이를 하고 있어서, 자기도 한몫 끼었다지 뭐야. 그런데 오빠가 져서 돈을 무척 많이 잃은데다가 히스클리프의 주머니에 돈이 많은 걸 알고 밤에 또다시 오라기에 승낙했다는 거야."

불과 3년 사이에 히스클리프가 어떻게 부자가 되었는지 아무도 알지 못했습니다. 아무튼 그 뒤 워더링 하이츠에서는 밤낮을 가리지 않고 도박판이 벌어졌습니다.

히스클리프는 처음에는 드러시크로스 저택을 방문할 때 조심하는 눈치더군요. 그러나 그는 서서히 드러시크로스 저택을 방문할 수 있는 손님으로서의 자리를 굳혀 갔습니다.

그런데 뜻밖에도 이사벨라가 이 반갑지 않은 손님을 좋아하게 되었습니다.

에드거 서방님은 누이동생을 매우 사랑했으므로, 이 터무니없는 사랑에 놀랐습니다. 그는 히스클리프의 본성을 잘 알고 있었습니다. 겉모습은 달라졌지만, 속마음은 바꿀 수도 없거니와 바뀌지도 않았다는 것을 알고 있었던 것입니다.

그 얼마 전부터 우리는 이사벨라가 누군가를 애타게 그리워하고 있다는 것을 느낄 수 있었습니다. 침울하니 말이 없다가 괜히 짜증을 내기도 하고, 사사건건 대들어 참을성 없는 캐서린의 성미에 불을 지르기가 일쑤였습니다.

참다 못한 캐서린은 시누이를 자리에 눕게 하고 실컷 호통을 친 다음, 의사를 불러 오겠다고 엄포를 놓았습니다. 의사란 말이 나오자, 아가씨는 당장 자기는 아픈 데가 없으며 단지 올케가 너무 심하게 굴어서 마음이 편치 않은 거라고 외쳤습니다. 캐서린 아씨는 이 당치도 않은 말에 기가 막히다는 표정을 지었습니다.

"그게 무슨 말이야, 버르장머리없는 아가씨! 언제 내가 심하게 굴었다고 그래요?"

"어제 들에 산책 나갔을 적에 나보고는 마음대로 돌아다니라고 떼어놓고 언니는 히스클리프 씨와 같이 산책했잖아요."

"그래서 내가 심하다는 거예요? 아가씨가 옆에 있어서 방해가 된다는 뜻이 아니었어요. 아가씨가 함께 있건 없건 상관 없어요. 단지 나는 그의 이야기가 아가씨에게는 재미없으리라 여겼을 뿐이에요."

"거짓말! 내가 같이 있고 싶어하는 것을 알면서도 일부러 떼어 놓은 거지 뭐."

이사벨라가 울음을 터뜨렸습니다. 그러자 캐서린은 기가 막힌 듯 소리쳤습니다.

"어리석기도 하지! 아가씨가 히스클리프를 좋은 사람으로 생각하고 그의 사랑을 원하다니! 아무래도 내 귀가 잘못됐나 봐요."

"천만에요, 잘못 들은 게 아니에요. 언니가 오빠를 사랑하는 것보다도 더 난 그분을 사랑해요. 그리고 그이도 언니만 가만히 있다면 나를 사랑하게 될 거예요."

"넬리, 아가씨에게 그것이 미친 짓이라는 걸 납득시켜 줘요. 히스클리프가 어떤 사람인지 말해 줘요. 교양도 없고 야만인처럼 함부로 자란 인간이라는 것을 말이야."

이렇게 말하고 올케가 나가 버리자, 이사벨라는 흐느껴 울었습니다.

"히스클리프 씨는 악마 같은 사람이 아니야. 훌륭하고 진실한 분이란 말이야."

"그분은 잊어버리세요, 아가씨. 그분은 불길한 징조를 알리는 새 같은 사람이에요. 아가씨의 남편감이 못 됩니다."

"넬리도 다른 사람들과 한패로군. 내 귀에 그런 말은 안 들려!"

이사벨라가 소리쳤습니다.

다음 날, 이웃 마을에서 치안판사 회의가 있어서 에드거 서방님이 집을 비웠습니다. 히스클리프는 그 사실을 알고 다른 날보다 조금 일찍 찾아왔습니다.

캐서린 아씨는 히스클리프가 창 밑으로 지나가는 것을 보고 미소를 지었습니다. 저는 난로를 청소하면서 그 야릇한 미소를 보았습니다.

이사벨라는 생각에 잠겨 있었는지 책에 정신이 팔렸는지 문이 열릴 때까지 꼼짝하지 않고 있었습니다. 문이 열렸을 때는 벌써 늦어서 몸을 피할 수가 없었죠. 할 수만 있다면 자리를 피하고 싶었겠지만 말입니다.

"어서 들어와요. 마침 잘 오셨어요! 히스클리프, 내 귀여운 시누이가 당신의 멋진 모습과 아름다운 마음씨를 떠올리면서 가슴을 태우고 있답니다."

캐서린 아씨가 명랑하게 말하면서 난롯가로 의자를 끌어당겨 권했습니다. 이사벨라가 벌떡 일어나 나가려 하자, 캐서린은 장난스럽게 붙잡았습니다.

가엾은 이사벨라는 속눈썹에 이슬이 맺히며 억세게 붙잡고 있는 올케의 손에서 빠져 나오려고 가는 손가락에 힘을 주었습니다. 그러나 손가락 하나를 겨우 풀면 다른 손가락이 대신 와서 붙잡고 하여 도저히 열 손가락을 동시에 풀 수 없다는 것을 깨닫고, 뾰족한 손톱을 이용하여 아씨의 손에 초승달 모양의 흉터를 만들었습니다.

"꼭 암호랑이 같군!"

아씨가 시누이의 손을 놓고 아픈 듯 손을 흔들었습니다.

이사벨라가 나가고 문이 닫히자, 히스클리프가 사납게 말했습니다.

"만일 손톱으로 나를 위협한다면 그 손톱을 뽑아 버리고 말겠소. 그런데 캐시, 저 아가씨를 그렇게 괴롭히는 이유가 뭐요? 당신이 한 말이 사실이오?"

"모두 사실이에요. 몇 주일 전부터 아가씨는 당신을 애타게 사모해 왔어요."

"저 아가씨가 자기 오빠의 상속인인가?"

히스클리프가 물었습니다.

"그런 생각을 하면 속상해요. 아이를 반 다스쯤 낳아서 시누이의 상속권을 빼앗아 버릴까 봐요."

캐서린이 말했습니다.

"그것이 설령 내 것이 된다 해도 결국 당신 것이나 마찬가지지. 하지만 그 이야기는 이쯤 해 둡시다."

그리하여 그 문제는 두 사람의 화제에서 사라졌습니다. 캐서린은 입으로만 아니라 머리로도 잊어버린 모양이었습니다. 그러나 히스클리프는 그 날 내내 그 문제에 대해서 생각했을 겁니다. 아씨가 방을 비울 때면, 혼자서 싱글거리며 웃다가 생각에 잠기곤 하는 것을 보았으니까요.

어느 날, 기머튼까지 나갔다가 불현듯 워더링 하이츠에 가 보고 싶어 발길을 그쪽으로 옮겼습니다.

곱슬머리에 갈색 눈을 가진 소년이 상기된 얼굴을 워더링 하이츠 문살에 대고 서 있었습니다. 그는 바로 제가 기르던 헤어튼이었습니다.

"아가야, 잘 있었니? 나야, 넬리란다!"

헤어튼은 제 팔이 닿지 않을 만큼 물러서 큼직한 돌멩이를 하나 집어 들었습니다. 벌써 저를 잊어버린 모양이었습니다. 헤어튼은 심한 욕을 하며 손을 들어 돌을 던지려고 했습니다. 저는 그를 달래기 위해 말을 시작했지만, 아무 효과도 없이 돌은 제 모자를 맞혔습니다.

울고 싶은 심정으로 주머니에서 오렌지 한 개를 꺼내어 내밀었습니다. 그는 망설이더니, 그것을 휙 낚아챘습니다. 제가 보이기만 하고 주지는 않을 것이라 생각했던 모양입니다. 저는 오렌지를 한 개 더 꺼내 그의 손이 닿지 않게 쳐들어 보였습니다.

"누가 그런 고약한 말을 가르쳐 주었을까? 부목사님이신가?"

"빌어먹을 놈의 부목사! 어서 그거나 줘."

"어디서 그런 말을 배웠는지 가르쳐 주면 줄게."

"누구긴 누구야, 아빠지."

"그럼 아빠한테서 뭘 배우지?"

헤어튼은 오렌지를 잡으려고 껑충 뛰었습니다. 저는 오렌지를 좀더 높이 쳐들었습니다.

"전혀 가르쳐 주지 않아. 아빠 곁에 얼쩡거리지 말라고만 해. 아빠도 날 못 당해. 내가 막 욕해 주거든."

"아하, 그럼 악마가 아빠보고 욕하라고 가르쳐 주었니?"

"으응, 아니야."

헤어튼은 고개를 저었습니다.

"그럼 누구지?"

"히스클리프 아저씨야."

저는 오렌지를 헤어튼 손에 쥐어 주고, 아버지에게 가서 넬리가 대문 앞에서 기다리고 있다고 말하라고 일렀습니다.

헤어튼은 집 안으로 들어갔습니다. 그러나 얼마 후 힌들리 서방님 대신 히스클리프가 나타났습니다. 저는 유령이라도 불러 낸 듯 겁에 질려, 곧장 몸을 돌려 단숨에 이정표가 있는 곳까지 달려 내려왔습니다.

다음 번에 히스클리프가 찾아왔을 때, 이사벨라는 마침 마당에서 비둘기에게 모이를 주고 있었습니다. 사흘 동안이나 올케와는 말 한 마디 나누지 않았지만, 짜증 섞인 불평 또한 늘어놓지 않았으므로 저희들은 퍽 다행으로 생각했습니다.

히스클리프는 그 때까지 이사벨라에게 불필요한 인사 같은 것을 한 적이 없었습니다. 그런데 그 날은 이사벨라를 보자마자 우선 집 쪽을 조심스레 살피는 것이었습니다. 저는 그 때 부엌 창문 옆에 서 있었는데, 그가 볼까 봐 얼른 몸을 숨겼습니다.

그는 이사벨라에게 가까이 가서 무슨 말인가를 건넸습니다. 이사벨라는 당황해서 자리를 피하려고 하는 듯했는데, 그는 그 앞을 가로막고 껴안으려 했습니다.

"저런 사기꾼 같으니!"

나는 자신도 모르게 소리를 질렀습니다.

"누구 말이야, 넬리?"

바로 옆에서 캐서린 아씨의 목소리가 들렸습니다. 저는 창 밖의 두 사람을 감시하는 데 열중하여 아씨가 들어온 것도 몰랐던 겁니다.

"아씨의 몹쓸 친구 말이에요! 저기 저 뱀 같은 악당 말이에요."

캐서린 아씨는 시누이가 히스클리프의 손을 뿌리치고 몸을 날려 정원으로 뛰어들어가는 것을 보았습니다.

히스클리프가 문을 열었습니다. 아씨가 그에게 말했습니다.

"히스클리프, 이런 소동을 일으키다니, 대체 어떻게 된 거예요? 이사벨라에겐 손을 대지 말라고 했지요? 린튼이 문을 닫아 걸고 당신을 이 집에 못 들어오게 하기를 바라지 않는다면 내 말을 들으세요."

"그 녀석이 그렇게 하도록 내가 가만 있을 줄 아나?"

히스클리프가 대꾸했습니다.

"나를 괴롭히지 말아요. 왜 당신은 내 부탁을 들어주지 않나요? 당신이 아가씨를 좋아한다면 결혼하도록 하세요. 내가 도와드릴게요."

"그럴 필요 없어. 그 녀석의 허락이 없어도 언제든지 결혼할 수 있으니까. 그런데 말이 났으니 말이지, 캐서린 당신에게도 몇 마디 해 두어야겠소. 당신이 나를 얼마나 천대했는가를 뚜렷이 기억하고 있으니 조심해요. 내가 복수하지 않고 그대로 넘어가리라 생각한다면 천만의 말씀이라는 걸 이제 곧 보여 주겠소."

"내가 당신을 천대했고, 그래서 그 복수를 하겠다는 말이군요! 어떻게 그런 생각을 할 수 있죠?"

"당신에게 복수하려는 건 아니야. 그럴 생각은 없소. 폭군이 노예들을 학대해도 노예들은 폭군에게 직접 복수하지는 않는 법이오. 그 아래 있는 것들을 짓밟지."

캐서린은 난롯가에 앉아 얼굴이 상기된 채 분한 듯 떨고 있었습니다. 지금까지 그녀를 지탱하고 있던 그 활기는 점점 걷잡을 수 없게 되어, 가라앉힐 수도 조종할 수도 없었습니다.

두 사람을 버려 두고 저는 에드거 서방님을 찾으러 나갔습니다. 그분은 무슨 일로 아씨가 아래층에서 그렇게 오래 있는지 궁금해하고 있었습니다.

"넬리, 아씨를 보았나?"

제가 들어가자 서방님이 물었습니다.

"네. 부엌에 계시는데, 히스클리프 씨에 대해 매우 불쾌해하십니다."

그러고 나서 나는 정원에서 있었던 일이며 그 뒤에 일어났던 말다툼까지 전부 사실대로 말했습니다.

서방님은 제 말을 끝까지 참고 들으려 하지 않았습니다. 그분의 첫마디로 봐서 아내에게도 책임이 없지 않다고 생각하는 눈치였습니다.

"참을 수 없군! 아내가 그런 녀석을 친구라고 하면서 나에게도 함께 어울리기를 강요하니 우스운 노릇이야. 넬리, 가서 하인들을 두 명만 불러오게."

서방님은 내려가서 하인들을 복도에서 기다리게 한 다음, 저를 데리고 부엌으로 갔습니다. 부엌에 있던 두 사람은 다시 말다툼을 하고 있었습니다.

"대체 어찌 된 일이오, 캐서린? 부끄러운 줄 알아야지."

그리고 에드거 서방님은 히스클리프를 향해 나직이 말했습니다.

"나는 지금까지 참아 왔지만, 더는 참을 수 없소. 앞으로는 이 집에 드나드는 것을 금하겠소. 지금 당장 떠나시오. 3분 이상 꾸물거리면 어쩔 수 없이 쫓겨나게 될 거요."

서방님은 복도 쪽을 흘끗 돌아보며 저에게 하인들을 데려오라고 신호했습니다. 그러나 캐서린 아씨가 미심쩍은 표정으로 나오더니, 제가 하인들을 부르려고 하자 얼른 저를 끌어들이고 방문을 쾅 닫고 잠가 버렸습니다.

"저 사람을 때려눕힐 용기가 없다면, 사과를 하든가 얻어맞으세요. 그러면 힘도 없으면서 허세만 부리는 그 버릇이 고쳐지겠지요."

서방님은 아내의 손에서 열쇠를 뺏으려 했지만, 아씨는 재빨리 그것을 난롯불 한가운데로 던져 버렸습니다. 그러자 서방님은 몸을 부들부들 떨더니 얼굴이 파랗게 질렸습니다. 그는 의자의 등받이에 기댄 채 얼굴을 두 손으로 가렸습니다.

"캐시, 젖비린내 나는 겁쟁이를 남편으로 둔 것을 축하하오."

히스클리프가 가까이 가서 서방님이 앉아 있는 의자를 밀었습니다. 그런데 그는 가까이 가지 말았어야 했습니다. 서방님이 벌떡 일어나더니, 약한 사람 같으면 뒤로 자빠질 만큼 세게 그의 턱을 쳤으니까요. 그가 숨이 막혀 잠시 얼빠진 동안 서방님은 뒷문으로 빠져 나가 마당으로 해서 현관으로 갔습니다.

"이제 끝장이야! 그이가 양손에 권총을 들고 부하를 대여섯 명은 거느리고 다시 올 테니, 빨리 도망쳐요!"

캐서린 아씨가 소리쳤습니다.

그 때, 정원사와 마부, 서방님이 안뜰로 들어섰습니다.

히스클리프는 세 사람의 졸개를 상대로 한 싸움을 하지 않기로 작정한 것 같았습니다. 그들이 부지깽이를 들고 안쪽 문의 자물쇠를 부수고 들어왔을 때에는 벌써 도망쳐 버린 후였으니까요.

캐서린은 몹시 흥분해서 제게 이층으로 따라오라고 하더니, 소파에 몸을 던졌습니다.

"넬리, 미쳐 버릴 것 같아! 대장간의 쇠망치가 사정없이 내 머리를 두들기는 것 같아. 오늘 밤 서방님을 만나거든 내가 중병에 걸린 것 같다고 말해 줘. 그이는 나를 몹시 놀라게 하고 괴롭혔으니까, 나도 그이를 놀라게 해 주고 싶어."

저는 서방님을 놀라게 하고 싶은 마음이 추호도 없었습니다. 그래서 거실로 오는 서방님을 보고도 아무 말도 하지 않고 나와 버렸습니다.

잠시 후, 캐서린은 초인종이 깨지도록 흔들어 댔습니다. 하지만 저는 천천히 들어갔습니다. 아씨는 숨이 막혀서 말도 못할 지경이었습니다. 물을·한 잔 가득 가져갔지만 마시려 하지 않기에, 저는 그것을 얼굴에 뿌렸습니다. 잠깐 사이에 아씨의 몸은 뻣뻣하게 굳어지고 두 뺨의 혈색이 가셔서 마치 죽은 사람 같았습니다. 서방님은 잔뜩 겁에 질렸습니다.

"별일 없을 테니 걱정 마세요."

저는 조용히 말했습니다. 저도 내심 걱정이 되지 않는 것은 아니었지만, 서방님이 양보하는 것은 싫었거든요.

아씨가 그 소리를 듣고 벌떡 일어났습니다. 머리카락은 어깨 위에 늘어지고, 두 눈은 번쩍였으며, 목과 팔의 근육이 묘하게 뒤틀려 있더군요. 저는 적어도 제 갈비뼈 몇 대는 부러지는 줄 알았는데, 아씨는 잠시 주위를 살피더니 서둘러 나가 버렸습니다. 서방님이 따라가 보라고 하기에 저는 아씨의 방까지 따라갔지만, 문을 잠가 버리는 바람에 들어갈 수가 없었습니다.

그런데 다음 날 아침, 식사 시간이 되어도 아씨가 내려올 기미를 보이지 않자 저는 음식을 갖다 줄까 물어 보려고 올라갔습니다. 아씨는 한마디로 '그만두라'고 거절했습니다. 점심때에도, 차 마시는 시간에도, 다음 날 아침에도 마찬가지였습니다.

서방님은 서방님대로 서재에 틀어박힌 채로 아내의 상태에 대해서 한 번도 묻지 않았습니다.

사흘째 되던 날, 아씨는 닫아 걸었던 문을 열고 물그릇도 물병도 비었으니 물을 가져오라고 했죠. 또 죽을 것만 같다는 말을 했습니다. 물론 서방님의 귀에 들어가기를 바라고 한 말로 미루어 짐작되지만, 그 말을 저 혼자만 들어 두고 차와 마른 빵을 갖다 주었습니다.

아씨는 단숨에 먹고 마시고 하더니, 다시 베개를 베고 누워 두 주먹을 불끈 쥐며 신음하듯 부르짖었습니다.

"아아, 죽고 싶어! 아무도 나를 생각해 주는 사람이 없으니까. 차라리 먹지 말걸 그랬지."

그러고 나서 한참 후에는 이런 말을 중얼거리더군요.

"아니야, 죽지 않을 테야……. 그이가 좋아하라고……. 그이는 나를 사랑하지 않아……. 내가 죽어도 보고 싶어하지도 않을 거야!"

"시키실 일 없으세요, 아씨?"

저는 아씨의 무서운 표정과 이상해진 태도를 보면서도 겉으로는 여전히 냉정한 척 물었습니다.

"그 무정한 사람은 뭘 하고 있지? 기절이라도 했나, 아니면 죽기라도 했나?"

캐서린은 여윈 얼굴에 흘러내린 굵은 곱슬머리를 쓸어 올리며 물었습니다.

"서방님에 대해서라면 걱정 마세요. 지나치게 공부에만 몰두하고 계시기는 하지만, 건강도 좋으신 편이에요. 달리 상대가 없으니까 하루 종일 책 속에만 파묻혀 지내십니다."

아씨의 건강이 어느 정도인지 알았더라면 그렇게까지 심하게 말하진 않았을 것입니다. 그러나 저는 아씨가 아픈 척 연극을 꾸미고 있다고 생각했거든요.

아씨는 괘씸하다는 듯 소리쳤습니다.

"책 속에 파묻히다니! 내가 죽어 가고 있는데! 무덤으로 들어가려 하는데! 이럴 수가 있어? 내가 얼마나 쇠약해졌는지 알고나 계신가?"

캐서린은 맞은편 벽에 걸린 거울에 비친 자신의 모습을 노려보면서 말을 이었습니다.

"저것이 캐서린 린튼이란 말인가? 아마 그이는 내가 심술이 나서 연극을 꾸미고 있는 줄 아나 봐. 가서 그이에게 내가 정말로 위독하다고 알려 줄 수 없겠어?"

"싫어요, 아씨! 아씨는 오늘 저녁에 맛있게 드신 것을 잊으셨군요. 내일이면 기운을 되찾으실 거예요."

그러자 캐서린은 재빨리 제 말을 막았습니다.

"그 지겨운 사흘 밤을 한잠도 못 자고 괴로워했어. 귀신에 홀린 것 같아, 이제는 넬리마저 나를 싫어하는 것 같군! 이 집에 사는 사람들 모두의 냉정한 얼굴에 파묻혀 죽음을 맞다니, 얼마나 외로울까? 조금이라도 인정이 있는 사람이면, 내가 죽어 간다는데 책만 읽고 있겠어?"

제가 그런 생각을 하게 만들긴 했지만, 남편이 철학자처럼 하고 있다는 말에 그녀는 참을 수가 없었던 모양입니다.

캐서린은 열에 들떠 미친 듯 엎치락뒤치락하더니 이빨로 베개를 물어뜯었습니다. 그러다가 불덩어리처럼 뜨거워진 몸을 일으켜 제게 창문을 열라고 했지만, 한겨울이라 북풍이 세차게 불어서 저는 그 말을 못들은 척했습니다. 아씨의 얼굴에 스치는 표정과 심정의 변화에 저는 가슴이 덜컥 내려앉으면서, 그녀가 전에 열병을 앓았던 일과, 자극하지 말라던 의사의 지시가 생각나더군요.

조금 전까지 펄펄 뛰던 캐서린은 베개 속에서 깃털을 꺼내어 종류별로 홑이불 위에 늘어놓으며 어린애 같은 장난에 빠져 있었습니다. 그녀의 생각은 이미 다른 세계에 가 있었던 것입니다.

"어린애 같은 짓 그만 하세요."

저는 베개를 잡아당겨 찢긴 구멍이 보이지 않도록 엎어 놓았습니다. 그리고 여기저기 흩어진 깃털을 주워 모았습니다.

"넬리, 지금은 밤이고, 탁자 위에는 촛불이 두 개 있고, 그 불빛이 검은 장롱에 비쳐 반짝이고 있지?"

캐서린이 꿈꾸듯 말했습니다.

"검은 장롱? 그런 것이 어디 있어요?"

"항상 그렇듯이 벽 쪽에 있잖아. 이상해. 거기에 어떤 얼굴이 보여!"

"이 방에는 전이나 지금이나 장롱이라곤 없어요."

"저 얼굴이 보이지 않아?"

캐서린은 열심히 거울을 들여다보았습니다. 그것이 바로 그 자신의 얼굴이라고 아무리 말해도 못 알아듣기에, 저는 일어나서 숄로 거울을 덮어 버렸습니다. 그래도 캐서린은 걱정스러운 표정으로 우겼습니다.

"아직도 그 뒤에 앉아 있어. 그리고 움직이네. 누굴까? 넬리가 나가 버린 다음에 그것이 나오지 않았으면 좋겠는데! 오오, 넬리. 이 방에는 유령이 있어! 혼자 있는 것이 두려워!"

캐서린은 손가락으로 이불자락을 움켜쥐고 그것으로 얼굴을 가렸습니다. 에드거 서방님을 부를 생각으로 가만히 문 쪽으로 가다가 찢어지는 듯한 비명에 놀라서 돌아다보니, 거울을 가려 놓았던 숄이 미끄러져 떨어졌더군요.

"지금 보니 서방님보다 아씨가 더 겁이 많군요. 정신 차리세요. 아씨, 저건 거울이란 말이에요. 거울에 아씨가 비친 거예요. 저기 보세요, 아씨 곁에 저도 있잖아요."

아씨는 어찌할 바를 모르고 저를 꼭 붙잡고 있더니, 차츰 공포의 표정이 사라지고 창백하던 얼굴은 부끄러움으로 빨개졌습니다.

"아이, 나는 여기가 워더링 하이츠인 줄 알았어. 워더링 하이츠의 내 방에 누워 있는 줄 알았지. 몸이 허약해지니까 머리가 혼란스러워서 나도 모르게 소리를 질렀나 봐. 아무 말도 하지 말고 내 옆에 있어

줘. 난 잠들기가 무서워. 나쁜 꿈에 시달리니까."

"한잠 푹 자고 나면 좋아질 거예요, 아씨."

"아아, 옛 집의 내 침대에 누워 있다면 얼마나 좋을까! 저 바람이 그 집 창가의 전나무를 뒤흔들던 바람이라면! 그 바람을 한번만 마실 수 있게 해 줘."

캐서린을 진정시키기 위해 저는 잠깐 창문을 열었습니다. 휙 찬바람이 불어 들어왔습니다. 저는 문을 닫고 자리로 돌아왔습니다. 캐서린은 가만히 누워 있었습니다. 얼굴은 눈물로 흠뻑 젖어 있었지요. 지칠 대로 지쳐 기운이 다 빠졌기 때문에 불 같은 성미의 아씨도 칭얼거리는 어린애와 결코 다르지 않았습니다.

"내가 이 방에 틀어박힌 지 얼마나 되었지?"

갑자기 생기를 띠면서 캐서린이 물었습니다.

"그 때가 월요일 아침이었는데 지금은 목요일 밤, 아니, 정확히 말해서 금요일 아침이라고 해야겠네요."

"뭐라고? 아직 한 주일도 지나지 않았어? 그렇게밖에 안 되었나?"

"냉수만 마시고도 참 오래 버티셨네요."

"분명 더 오래 됐을 거야. 그 두 사람이 싸우고 난 후 난 거실에 있었지. 그런데 그이가 나를 어찌나 화나게 하는지 나는 될 대로 되라고 이 방으로 뛰어들어왔던 기억이 나. 방문을 닫아 걸었더니, 온 세상이 캄캄해지면서 나는 그만 방바닥에 쓰러져 버렸지. 겨우 눈이 다시 보이고 귀가 들리기 시작했을 때엔 이미 날이 새고 있었지. 넬리, 내가 그 때 무슨 생각을 했는지 말해 줄게. 난 어린아이였고 아버지의 장례를 치른 지 얼마 안 되었어. 히스클리프와 같이 놀아선 안 된다는 오빠의 말을 듣고 슬퍼하고 있었어. 오오, 속에서 불이 날 것 같아. 밖으로 나가고 싶어! 다시 소녀 시절로 돌아가서, 아무리 야단을 맞아도 화내는 일 없이 오히려 비웃어 줄 수 있었으면 좋겠어! 저 히스 언덕에 가 보기만 해도 예전의 내가 될 수 있을 텐데. 창문을 다시 활짝 열어 봐. 활짝! 빨리. 왜 가만히 있는 거지?"

"아씨가 감기 들어 돌아가시지 않게 하려구요."

그러자 캐서린이 심술궂게 말했습니다.

"걱정하는 척하지 마. 좋아, 그럼 내가 열겠어."

캐서린은 미처 말릴 틈도 없이 방을 가로질러 걸어가, 창문을 열고 몸을 내밀었습니다. 저는 말로 하다 못해 힘으로 끌어들이려고 했으나, 열에 들뜬 그 힘을 도저히 당해 낼 수 없음을 깨달았습니다.

제정신이 아닌 사람을 나무라 봤자 소용 없는 일임을 알고, 저는 캐서린을 붙잡고 선 채 몸에 걸칠 만한 것을 찾고 있었습니다.

그런데 그 때 문의 손잡이가 덜거덕거리며 에드거 서방님이 들어왔습니다. 마침 서재에서 나와 복도를 지나가다가 우리 말소리를 듣고, 이토록 늦은 시간에 무슨 일인가 싶어 알아보러 왔던 겁니다.

저는 눈앞의 광경과 방 안의 싸늘한 분위기에 놀라서 소리치려는 서방님의 입을 막았습니다.

"아씨는 가엾게도 병이 나셨습니다. 제 힘으로는 어쩔 수가 없군요. 도저히 방법이 없으니, 제발 잠자리에 드시도록 서방님께서 타일러 주세요. 노여웠던 일은 잊어버리시고요. 아씨는 원래 자기 고집대로만 사시는 분이니까요."

"캐서린이 아프다구? 넬리, 창문을 닫아요. 여보! 어째서……."

서방님은 말을 잇지 못했습니다. 아내의 여윈 모습에 놀란 나머지 말문이 막혀서 아씨와 저를 번갈아 바라보다가 엄하게 꾸짖었습니다.

"아씨가 이렇게 되도록 왜 내게 알리지 않았지?"

처음에 아씨는 서방님을 못 알아보더군요. 그러나 완전히 정신이 나간 것은 아니어서, 드디어 자기를 안고 있는 사람이 누구인가를 알아보았습니다.

"아아! 당신이군요, 에드거 린튼! 당신은 필요 없는 때엔 곧잘 나타나다가도 필요할 땐 나타나지 않더군요! 이제 우리는 커다란 슬픔을 겪게 될 거예요……. 저는 그것을 알아요……. 하지만 아무리 슬퍼해도 내가 저기 있는 좁은 내 집, 봄이 오기 전에 가야 할 안식처를 찾아가는 걸 막지는 못해요. 그곳은 교회 지붕 아래에 있는 가족 묘지가 아니라, 넓은 하늘 아래 묘석 하나가 있는 그런 무덤이에요."

"캐서린, 도대체 무슨 말을 하는 거요? 이제 우리는 남남이란 말이오? 당신은 저 망할 놈의 히스클리프를 사랑……."

캐서린이 급히 그 말을 막았습니다.

"더 이상 아무 말도 하지 마세요. 그 이름을 입 밖에 내면 나는 창문으로 뛰어내려 죽어 버리겠어요. 난 당신이 필요 없어요. 당신은 책 있는 데로 돌아가세요."

"아씨는 제정신이 아니에요. 밤새도록 헛소리만 하셨어요. 하지만 안정하면 곧 회복되실 거예요. 앞으로는 아씨의 기분을 상하게 하지 않도록 신경써야 할 것 같군요."

제가 끼어들었습니다.

"이젠 자네의 충고 따위는 듣지 않겠네. 자네는 아씨의 성질을 알고 있으면서도 기분을 상하게 만들었지. 그리고 지난 사흘간 아씨의 상태에 대해 내게 한 마디도 얘기해 주지 않았어."

정신이 혼란스러운 상태이면서도 캐서린은 우리의 대화를 모두 들었나 봅니다.

"아아! 넬리는 배신자였군! 내 숨은 적이었어. 이 마녀 같은 계집!"

캐서린은 길길이 뛰었습니다.

두 눈에 미친 듯한 분노의 빛을 담은 채 아씨는 서방님의 팔을 풀려고 발버둥을 쳤습니다. 저는 의사를 청해야겠다는 생각으로 그 방에서 얼른 나왔습니다. 다행히 케네스 선생은 마을의 환자를 돌보기 위해 막 나서는 참이었습니다. 캐서린의 증세를 이야기하자, 그분은 곧 드러시크로스 저택으로 향했습니다.

캐서린은 고통스러운 표정으로 잠들어 있었습니다. 다행히도 서방님이 펄펄 뛰는 아씨를 달래어 진정시킨 모양이었습니다. 의사 선생은 진찰을 해 보고 나서, 절대 안정을 유지한다면 회복할 수 있으리라는 희망적인 말을 해 주었습니다. 그리고 제게는 따로, 무서운 일은 죽음이 아니라 정신이 나간 상태로 평생을 지내는 것이라고 말했습니다.

그날 밤, 저는 거의 잠을 자지 못했습니다. 서방님도 마찬가지였습니다. 다음 날, 아침 일찍 기머튼까지 심부름을 갔다온 하녀가 숨을 헐떡이며 이층으로 뛰어들며 소리쳤습니다.

"아이구, 큰일났네, 큰일났어! 다음엔 또 어떤 일이 일어날까? 서방님, 이사벨라 아가씨께서……."

"조용히 하지 못해!"

저는 그 호들갑스러운 거동에 화가 나서 소리쳤습니다.

"조용조용 말해 봐라, 메리. 왜 그러느냐?"

서방님이 물었습니다.

"가 버리셨어요. 가 버리셨다니까요! 저 히스클리프가 아가씨를 데리고 도망갔대요."

숨이 차서 헐떡이며 계집애가 말했습니다.

"그럴 리가 없어! 어떻게 그런 말을 할 수 있지? 넬리, 어서 가서 찾아 봐. 믿을 수 없어, 그럴 리가 없지."

서방님은 당황해서 부르짖었습니다. 그리고 그 하녀를 문 있는 데로 끌고 가서 그런 소리를 어디서 들었는지 말하라고 재촉했습니다.

"저……. 길에서 우리 집에 우유를 배달하는 아이를 만났거든요. 그런데 그애가 이야기해 주었어요. 두 사람이 지난 밤 자정이 좀 지나 기머튼에서 3킬로미터쯤 떨어진 대장간에 들러 말의 편자를 박았답니다."

"쫓아가서 아가씨를 데리고 올 방법을 궁리해 볼까요?"

제가 물었습니다.

"그애는 제 발로 걸어 나간 거야. 가고 싶으면 갈 권리가 있지. 앞으로 이사벨라는 내 동생이 아니야. 내가 그애를 버린 것이 아니라, 그애가 나를 버린 거야."

서방님이 힘없이 말했습니다.

캐서린의 죽음

달아난 두 사람은 두 달 동안 소식이 없었습니다. 그 사이 캐서린 아씨는 악성 뇌척수막염이란 병을 이겨 냈습니다. 서방님의 헌신적인 간호 덕분이었습니다.

캐서린이 처음으로 그 방에서 나온 것은 다음 해 3월 초였습니다. 그날 아침 서방님은 황금빛 크로커스를 한 줌 베갯머리에 갖다 놓았는데, 잠이 깬 아씨는 그것을 보더니 눈을 반짝이며 꽃을 주워 모았습니다. 아씨의 그처럼 기뻐하는 표정은 실로 오랜만이었습니다.

"워더링 하이츠에서 제일 먼저 피는 꽃이 바로 이 꽃이에요! 이 꽃을 보니 눈을 녹이는 부드러운 바람이며 따스한 햇빛, 거의 다 녹은 눈이 생각나는군요. 여보, 이젠 남풍이 불고, 눈도 거의 다 녹았겠죠?"

"이 근처의 눈은 거의 다 녹아 버렸다오. 온 벌판에 눈 덮인 곳은 두

군데뿐이오. 하늘은 푸르고 종달새는 지저귀고, 골짜기의 시내는 넘쳐 흐르고 있소. 여보, 작년 이맘때는 당신을 이 집으로 데려오는 것이 소망이었는데, 지금은 저 언덕 위로 약 3킬로미터쯤 함께 올라가고 싶소."

서방님이 말했습니다.

"하지만 나는 거기에 한번밖에 갈 수 없을 거예요. 그때 당신은 나를 그곳에 두고 떠날 거고, 나는 영원히 거기 남아 있을 거예요."

서방님은 아씨를 사랑스럽게 쓰다듬으며 정다운 말로 기운을 북돋우려 했지만, 아씨는 물끄러미 그 꽃을 바라보면서 속눈썹에 맺혔던 눈물이 넘쳐 뺨으로 흘러내려도 그것을 닦지 않았습니다.

우리는 캐서린의 건강이 많이 좋아졌다고 생각했습니다. 그래서 아씨가 우울해하는 것은 너무 오래도록 병실에만 갇혀 있었기 때문이라고 단정하고, 장소를 바꾸면 기분도 어느 정도 나아지려니 했습니다.

서방님은 저더러 몇 달 동안 비워 둔 거실에 불을 피우고, 양지바른 창가에 안락 의자를 갖다 놓으라고 일렀습니다. 그리고 나서 아씨를 안고 내려왔습니다. 아씨는 알맞은 온기를 즐기면서 한참을 앉아 있었으며, 우리가 예상한 대로 주위의 물건들을 보고는 생기를 되찾았습니다.

캐서린이 힘겹게 층계를 오르내리는 수고를 덜기 위해서 우리는 이 방, 지금 록우드 씨가 누워 계시고, 또 거실과 같은 층에 있는 이 방을 꾸며 놓았습니다. 얼마 안 되어 아씨는 서방님 팔에 기대어 이방 저방으로 돌아다닐 정도로 기운을 되찾았습니다.

그 무렵, 캐서린의 몸에는 생명이 자라고 있었습니다.

집을 나간 지 6주일 만에 이사벨라가 에드거 서방님에게 짧은 편지를 보내어, 히스클리프와의 결혼을 알려 왔습니다.

그 후 2주일쯤 지나서 저도 이사벨라에게서 한 통의 편지를 받았는

데, 방금 신혼여행에서 돌아온 새색시의 글이라고 하기에는 좀 이상한
편지였습니다.

　그리운 넬리

　나는 어젯밤 워더링 하이츠로 돌아와서야 캐서린 언니가 몹시 앓고
있다는 소식을 들었어. 언니에겐 편지 보낼 형편이 못 될 것 같고, 오빠
는 무척 화가 나셨는지, 걱정이 많아서인지 내 편지에는 답장도 주시지
않아. 그러나 나로서는 누구에게라도 꼭 편지를 써야겠기에 이제 남은
한 사람인 넬리에게 쓰는 거야.

　떠난 지 하루 만에 내 마음은 다시 드러시크로스 저택으로 돌아가 버
렸어. 지금 이 순간에도 내 마음은 거기 있고, 오빠와 언니가 보고 싶을
뿐이야! 하지만 마음대로 할 수가 없어.

　넬리에게 물어볼 말이 두 가지 있어.

　하나는, 이 집에 살 때 넬리는 어떤 방법으로 인간적인 감정을 유지
했는지 하는 거야. 이 집안 사람들의 기분을 나는 통 이해할 수가 없어.
그리고 또 하나는, 히스클리프는 과연 인간일까 하는 거야. 이런 질문을
하게 된 까닭을 말하지는 않겠어. 그러나 내가 결혼한 상대에 대해 무
엇이든지 알고 있거든 말해 줘.

　넬리, 가능한 한 빨리 와 줘. 에드거 오빠의 편지를 받아 가지고.

　지금부터 내가 새로운 보금자리라고 생각했던 워더링 하이츠에서 어
떤 대접을 받았는지 털어놓겠어.

　우리가 워더링 하이츠의 늪지로 들어섰을 때 해가 드러시크로스 저택
너머로 졌으니까, 6시쯤이었을 거야. 히스클리프는 숲과 정원, 그리고
집 전체를 자세히 살피느라고 반 시간을 지체하는 바람에 집 앞 자갈길
에서 말을 내렸을 때는 이미 어두워져 버렸지.

조지프가 촛불을 밝혀 들고 나와서 우리를 맞았어. 그런데 그는 촛불을 내 얼굴 높이까지 쳐들고 고약하게 흘겨보더니, 아랫입술을 삐쭉 내밀고 돌아서 버렸어. 그러고는 말을 마구간으로 데리고 가더니, 다시 나타나서 바깥 대문을 잠그더군.

히스클리프는 영감과 이야기하느라고 뒤에 처지고, 나는 부엌으로 들어갔어. 마치 더럽고 지저분한 굴 속 같았지. 난롯가에 꼬마 악당 같은 아이가 서 있었는데, 단단한 몸매에, 옷은 더러웠지만 눈언저리가 캐서린 언니와 닮은 데가 있더군.

'이 아이가 에드거 오빠의 처조카로군. 그렇다면 처음부터 잘 사귀어 두는 것이 좋지.'

나는 다가가서 그 통통한 손을 잡았어.

"안녕하세요, 꼬마 도련님?"

그러자 그 아이는 욕지거리를 하며 '꺼지지' 않으면 개를 풀어놓겠다고 위협했어.

나는 밖으로 뛰어나가 다른 사람들이 나타나길 기다렸어. 히스클리프는 어디로 갔는지 보이지 않았어. 그래서 조지프에게 집 안을 안내해 달라고 부탁했더니, 그는 투덜거린 후 콧등을 찡그리며 대꾸했어.

"난 못 가겠소! 일이 바빠서 말이오."

나는 뜰을 돌아 샛문으로 나가 또 하나의 출입구를 찾아 낸 다음, 이번에는 제발 친절한 하인이 나타나길 바라면서 노크를 했어. 한참 지나서 키가 크고 여윈 남자가 문을 열어 주었어. 그 사람의 눈 역시 캐서린 언니를 닮았더군.

"무슨 일로 왔소? 당신은 누구요?"

그는 험상궂은 얼굴로 물었어.

"전에는 이사벨라 린튼이라고 했는데, 지금은 히스클리프 씨와 결혼해서 그이가 저를 이 곳으로 데리고 왔습니다."

"그러면 그놈이 돌아왔나!"

그는 굶주린 이리처럼 눈을 번뜩이면서 물었어.

"네, 우리는 방금 돌아왔는데, 그이는 저를 부엌문 옆에 버려 두고 나갔답니다."

그리고 나는 하녀를 불러서 침실로 안내를 받고 싶다고 했지.

"하녀 같은 것은 없소. 자기 일은 자기가 해야 해요."

그가 말했어.

"그럼 저는 어디서 자야 하나요?"

"조지프가 히스클리프의 방으로 안내할 거요. 저 문을 열어 보시오. 거기에 영감이 있을 테니."

시키는 대로 그 문을 열려니까, 그가 갑자기 나를 붙잡고 묘한 어조로 이렇게 말하더군.

"방에 들어가면 꼭 문을 잠그고 빗장을 걸도록 하시오. 잊지 말고 그래야만 하오."

"그런데 왜 그러시죠?"

히스클리프와 단둘이 일부러 문까지 잠그고 들어앉아 있는 건 생각조차 하기 싫었거든.

"이걸 봐요."

그는 조끼에서 칼이 붙어 있는 권총을 꺼냈어.

"나는 밤마다 이걸 가지고 올라가서 그놈의 방문을 열어젖히고 싶은 마음을 억누를 수가 없소."

내가 물었지.

"그가 당신에게 무슨 나쁜 짓을 했기에 이토록 무섭게 미워하지요? 그보다는 그에게 이 집에서 나가라고 하는 편이 현명하지 않을까요?"

"천만에! 이 집에서 나가겠다고 하는 날이 그놈이 죽는 날이야. 그놈의 돈을 전부 뺏고, 나중엔 그놈의 피까지도 빨아먹은 다음에 지옥으로 보내 버리겠소! 그놈이 가면 지옥도 열 배는 더 캄캄해질걸."

그는 미친 사람 같았어. 나는 재빨리 빗장을 벗기고 부엌으로 도망쳤어. 히스클리프는 어딜 갔는지 9시가 넘도록 나타나지 않았어. 나 혼자 생전 처음 저녁 식사로 오트밀을 끓였어. 아주 형편 없는 맛이었지.

"나는 다른 곳에서 식사하겠어요. 객실은 없나요?"

조지프에게 물었어.

"객실이라! 없지, 객실이라는 건 없다구. 우리하고 같이 있기 싫다면 주인님과 같이 있을 수밖에. 그리고 주인님과 같이 있기 싫으면 당연히 우리하고 같이 있는 거고."

"그러면 이층으로 가겠어요. 데려다 줘요."

나는 죽그릇을 쟁반에 담고 직접 가서 우유를 좀 가져왔지. 조지프는 몹시 투덜대면서 일어나 앞장섰어. 지붕 밑 다락방으로 올라가면서 영감은 이따금 지나치는 방마다 문을 열고 안을 들여다보더군.

"여기 방이 하나 있군."

그는 마침내 돌쩌귀가 삐걱거리는 판자문을 밀어젖혔어.

"이만하면 죽 한 그릇은 먹을 만하지. 저기 저 구석에 보릿자루가 있기는 하지만 이 깨끗하고 멋진 비단치마를 더럽힐까 걱정되면 손수건이라도 깔고 앉구려."

그 '방'이란 골방 같은 곳으로 엿기름과 곡식 냄새가 코를 찔렀으며, 그런 것들이 담긴 부대가 사방에 널려 있고 한가운데만이 텅 비어 있었어. 나는 화가 나서 조지프에게 소리쳤어.

"여기선 잘 수 없잖아요! 침실로 데려다 달란 말이에요!"

"침실은 저거 하나뿐인데. 저건 내 침실이오."

영감이 가리킨 방은 사방 벽이 덩그렇게 비어 있고, 한쪽 구석에 남색 이불이 놓인, 커튼도 없는 커다랗고 나지막한 침대가 있을 뿐 먼저 방과 비슷했어.

"영감 침실에 내가 무슨 용건이 있겠어요? 히스클리프 씨가 설마 다락방에 거처하지는 않겠지요?"

"아, 당신이 찾는 건 히스클리프 어른의 방이었소? 진작 그랬으면 이렇게 수선을 피우지 않아도 됐을 거 아니오. 그런데 그 방은 안 돼. 항상 잠가 놓고 아무도 못 들어가게 하니까."

나는 화가 나서 참을 수가 없었어. 그래서 음식을 쟁반째 마룻바닥에 내던져 버리고, 계단 꼭대기에 주저앉아 두 손으로 얼굴을 가리고 울음을 터뜨렸어.

"저런! 저런! 잘한다, 잘해. 화가 난다고 하느님께서 주신 귀한 음식을 내던져 버리다니!"

조지프는 촛불을 들고 아래층 자기 방으로 가 버리고, 나 혼자 어둠 속에 남았지. 밤늦게 돌아온 히스클리프는 나를 자신의 방에 한 발짝도 들어가지 못하게 했어.

그이는 캐서린 언니가 병이 났다는 소식을 전하면서, 그것이 에드거 오빠 때문이라고 비난했어. 그리고 자기가 오빠를 손아귀에 넣을 때까지는 내가 대신 그 고통을 받아야 한다고 했어.

아, 나는 바보였어! 집에 있는 누구에게도 이런 말을 절대로 하면 안 돼. 나는 넬리가 오기를 날마다 기다리겠어. 제발 나를 실망시키지 말아 줘, 부탁이야!

이사벨라

이 편지를 읽고 난 후 저는 얼른 서방님께로 가서, 이사벨라 아가씨가 워더링 하이츠에 머물고 있다고 전했습니다. 그리고 아씨의 병을 걱정하며, 될 수 있는 대로 빨리 저를 통해서 오빠가 용서하신다는 소식을 전해 주기를 바라고 있다는 얘기를 했지요.

"용서라니! 내가 용서할 일이 있어야지. 가고 싶거든 오늘 오후에 워더링 하이츠로 찾아가서 이렇게 전해요. 나는 화를 내고 있는 게 아니라 여동생을 잃어버린 것에 대해 서운해하고 있을 뿐이라고 말이오. 하지만 우리 둘은 영원히 헤어졌으니까, 내가 그애를 만나러 간다는 것은 생각조차도 할 수 없어."

"아가씨에게 몇 자 적어 보내지 않으시겠어요?"

저는 애원하듯 물었습니다.

"아니, 그건 소용 없는 일이야."

에드거 서방님의 냉정한 말에 저는 매우 실망했습니다. 그래서 워더링 하이츠로 가는 동안 줄곧 어떻게 하면 서방님이 한 말을 좀더 따뜻하게 전할까, 그리고 누이동생을 위로하는 글 몇 줄마저 적지 않겠다는 것을 어떻게 좀더 부드럽게 전할까 고심했습니다.

이사벨라는 아침부터 저를 기다리고 있었던 모양입니다. 뜰의 자갈길을 올라가면서 보니 창 밖을 내다보고 있었어요. 고개를 숙여 인사를 했지만, 남의 눈이 무서운지 몸을 피하더군요.

저는 노크도 하지 않고 집 안으로 들어갔습니다. 이사벨라의 얼굴은 창백하고 기운이 없어 보였고, 머리칼도 흐트러진 채로 몇 가닥은 흘러내리고 몇 가닥은 아무렇게나 둘둘 감아 올렸더군요.

힌들리 서방님은 보이지 않고, 히스클리프가 탁자 앞에 앉아서 지갑 속의 서류를 뒤적이고 있었습니다. 제가 들어가자, 일어서서 제법 다정하게 어떻게 지냈느냐고 묻고 자리를 권하더군요.

이사벨라는 서둘러 앞으로 나와 저를 반기며, 기다리던 편지를 받으려고 한 손을 내밀었습니다. 저는 고개를 떨구었습니다. 그러나 이사벨라는 그 뜻을 알아채지 못하고, 모자를 벗어 놓으려고 선반 있는 데로 가는 저를 따라오며 가져온 편지를 빨리 달라고 귓속말로 졸랐습니다.

그러자 히스클리프가 이사벨라의 거동이 의미하는 바를 눈치채고 말했습니다.

"이사벨라에게 전할 물건이라도 있으면 주도록 하세요."

저는 얼른 사실을 이야기하는 것이 나을 것 같아 대답했습니다.

"아무것도 가져온 것이 없어요. 우리 집 서방님께서는 아가씨에게 당분간 오라버니의 편지나 방문은 바라지 말라고 이르셨어요. 하지만 아가씨를 사랑하고 계시며, 비록 속을 썩였지만 아가씨를 용서하고 행복을 빈다고 말씀하셨어요."

이사벨라는 입술을 파르르 떨며 창가의 제자리로 돌아가 버렸습니다.

히스클리프는 난롯가로 다가와 제 곁에서 캐서린 아씨에 대해 묻기 시작했습니다. 저는 적당히 이야기했는데, 그는 끈질기게 캐물은 끝에 병의 원인을 대강 알아 냈습니다.

저는 에드거 서방님이 하는 식으로 히스클리프에게 앞으로는 좋은 일이건 나쁜 일이건 그 집안 일에 참견하지 않기를 바란다고 말했습니다.

"아니, 난 자네가 이 집을 떠나기 전에 내가 캐서린과 만나도록 도와준다는 약속을 받아 내야겠네. 자네가 승낙하건 안 하건 나는 만나 볼 생각일세."

"히스클리프 씨, 그건 안 됩니다. 절대로 제가 중간에서 만나게 해 드릴 수는 없습니다. 다시 한 번 두 분이 싸우시는 날엔 캐서린 아씨는 정말 돌아가시고 말 겁니다."

저는 단호하게 말했습니다.

"자네만 도와준다면 그런 위험은 피할 수 있을 걸세. 소란을 피우고 린튼 씨를 화나게 하거나 모욕하고 싶지도 않아. 단지 그녀의 병세가 어떤지, 그리고 왜 병이 났는지 알고 싶을 뿐일세. 어젯밤 나는 여섯 시간 동안이나 그 집 뜰에 서 있었다네. 오늘 밤 또 그리로 갈 걸세. 만약 에드거 린튼에게 들키면, 나는 당장 그놈을 때려눕히고 내가 안에 들어가 있을 동안 가만히 있게 만들어 버릴 거야. 내가 신호를 보낼 테니까, 캐서린의 방에 아무도 없을 때 나를 몰래 들여보내 주고, 내가 나올 때까지 망만 보면 돼. 넬리가 말을 들어 주지 않으면, 꼼짝 못하게 여기 가두어 둘 거야."

마침내 저는 그의 편지를 아씨에게 전하고, 아씨가 승낙하면 다음에는 에드거 서방님이 집에 없는 시간을 알려 주기로 약속했지요.

저는 편지를 받고 캐서린 아씨가 어떤 반응을 보일지 알 수 없었기 때문에 서방님이 외출하기 전에는 그 편지를 전하지 않으리라 마음먹고 있었습니다. 그러다 보니 사흘이 지나도록 전하지 못했습니다. 나흘째 되던 날은 일요일이었습니다. 저는 식구들이 전부 교회에 간 후에야 아씨의 방으로 편지를 가지고 갈 수 있었습니다.

캐서린 아씨는 헐렁한 흰 옷을 입고 얇은 숄을 어깨에 걸친 채 여느 때와 다름없이 열어 놓은 창가에 앉아 있었습니다.

"아씨, 편지예요."

저는 무릎 위에 놓인 그녀의 손에 살그머니 편지를 쥐어 주었습니다.

아씨가 손을 움츠리는 바람에 편지가 떨어졌습니다. 저는 편지를 다시 무릎 위에 올려놓아 주고 아씨가 편지를 읽을 마음이 생기기를 기다리고 있었습니다. 그러나 영 그럴 기색이 보이지 않아서, 기다리다 못한 저는 다시 입을 열었습니다.

"제가 읽어 드릴까요? 이건 히스클리프 씨에게서 온 편지랍니다."

아씨는 깜짝 놀라 애써 기억을 더듬는 기색이더니, 어지러운 생각을 가다듬느라고 애썼습니다. 이윽고 캐서린은 편지를 집어 들여다보는 것 같더니, 한숨을 쉬었습니다.

잠시 후, 현관을 들어서는 발소리가 들려왔습니다. 활짝 열어젖힌 문을 보고 참을 수가 없었던지 히스클리프가 안으로 들어와 버린 겁니다.

그는 성큼 캐서린 곁으로 다가서더니 두 팔로 껴안았습니다. 그리고 한 5분 동안 아무 말이 없었고 껴안은 팔을 풀지도 않았습니다. 그 사이 쉬지 않고 키스를 퍼부었는데, 아마 평생 한 것보다 훨씬 더 많은 키스였을 것입니다. 키스를 먼저 한 건 우리 아씨였는데, 저는 히스클리프가 가눌 길 없는 괴로움에 차마 아씨의 얼굴을 똑바로 쳐다보지 못하는 것을 분명히 보았습니다.

"오오, 캐시! 오오, 나의 생명! 나는 어쩌란 말이오?"

그러면서 그는 캐서린을 뚫어지게 바라보았는데, 그 시선이 어찌나 강렬한지 눈에 눈물이 괼 것 같았습니다. 캐서린은 몸을 뒤로 젖혔습니다. 그리고 갑자기 얼굴을 찌푸리며 남자의 눈을 마주 바라보았습니다.

"당신과 에드거는 내 가슴에 못을 박았어요, 히스클리프. 그러면서도 당신네들은 동정받을 사람은 바로 자기들이라는 듯이 내게 와서 우는 소리를 하는군요."

히스클리프는 아씨를 껴안으려고 한쪽 무릎을 꿇고 앉았다가 일어서려 했지만 그녀는 그를 붙잡아 다시 앉히고는 말을 이었습니다.

"이렇게 당신을 안은 채 같이 죽어 버렸으면 좋겠어요! 당신의 괴로움 같은 건 내 알 바 아니에요. 내가 괴로우면 당신도 괴로워야 해요. 당신은 나를 잊어버리겠지요? 내가 땅에 묻힌 후에도 당신은 행복하겠지요? '저것이 캐서린 언쇼의 무덤이야. 예전에 나는 그녀를 사랑했고, 그녀를 잃었을 때에는 슬퍼하기도 했지만 다 지난 얘기야!' 라고 말하겠지요, 히스클리프?"

히스클리프가 붙잡혔던 머리를 빼고 성난 목소리로 외쳤습니다.

"나를 들볶아 당신처럼 미쳐 버리게 할 셈이오? 당신이 저승에서 편히 쉬고 있을 동안에도 나는 고통 속에 있을 텐데, 그래도 만족하지 못하다니 말이오."

"내가 편히 쉰다구요?"

캐서린은 더 이상 말을 잇지 못하더니, 이윽고 부드러운 목소리로 말했습니다.

"히스클리프, 당신이 나보다 더 괴로워하기를 원하는 것은 아니에요. 나는 오직 우리가 다시는 헤어지지 않기를 바랄 뿐이에요."

"당신은 왜 나를 멀리했지? 캐시, 왜 자기 마음을 속였소? 어째서 나를 버렸지? 어째서?"

"그만! 그만해 둬요. 설사 내가 잘못했다 해도 그것 때문에 나는 죽어가고 있잖아요? 그만하면 충분하죠! 당신도 나를 버리고 달아났잖아요. 그렇지만 나는 당신을 나무라지 않겠어요. 당신을 용서할게요. 당신도 나를 용서해 줘요."

"당신이 나에게 저지른 일은 용서해 주지. 나는 나를 죽인 자를 사랑할 수는 있어도, 당신을 죽인 나 자신은 도저히 용서 못해. 어떻게 그럴 수가 있어?"

두 사람은 입을 다물었습니다. 두 사람의 얼굴은 서로의 얼굴에 가려지고 서로의 눈물에 씻겼습니다.

그들이 그러고 있는 사이, 저는 매우 걱정이 되었습니다. 왜냐하면 오후 시간이 어느 새 지나가 버리고 제가 심부름을 보냈던 하인도 돌아왔으며, 골짜기로 기우는 저녁 햇빛 속에서 기머튼 교회의 현관 밖으로 쏟아져 나오는 사람들이 보였으니까요.

"예배가 끝났군요. 반 시간만 있으면 서방님께서 돌아오실 거예요."

얼마 후, 하인들이 무리 지어 앞마당으로 해서 부엌 쪽으로 올라오는 것이 보였습니다. 서방님도 곧 뒤따라왔습니다.

"서방님이 돌아오셨어요! 제발 빨리 나가세요. 앞계단으로 내려가면 아무도 만나지 않을 거예요. 빨리요!"

"캐시, 나는 그만 가야겠어. 그렇지만 내가 살아 있는 한 당신이 잠들기 전에 다시 한 번 만나러 오리다. 당신의 창문에서 5미터 이내에 있겠소."

히스클리프가 팔을 풀려고 하자, 캐서린은 있는 힘을 다해서 남자의 팔을 붙잡았습니다.

"가면 안 돼요! 난 당신을 보내지 않을 거예요!"

"한 시간 동안만이야."

그가 간절하게 말했습니다.

"1분이라도 안 보내겠어요."

"정말 가야 해. 에드거가 곧 올라올 거야."

히스클리프는 일어서서 캐서린의 손가락을 풀려고 했습니다. 그러나 캐서린은 숨을 헐떡이면서 더욱 힘주어 매달렸습니다.

"안 돼요! 가지 말아요! 이제 마지막이란 말이에요! 에드거도 우리를 방해하지는 못해요. 히스클리프, 나는 곧 죽어요. 죽는단 말이에요!"

그러자 히스클리프는 의자에 털썩 주저앉았습니다.

"알았어, 여기 있을게. 그러다 저놈의 총에 맞아 죽어도 좋아."

그리고 그들은 다시 꼭 껴안았습니다. 에드거 서방님이 계단을 올라서는 소리가 들렸습니다. 저는 이마에 식은땀이 솟고 완전히 겁에 질려 버렸습니다.

"아씨의 헛소리에 귀를 기울이실 작정이세요? 아씨는 지금 자기가 무슨 말을 하고 있는지도 몰라요!"

저는 흥분해서 두 손을 비틀며 마구 소리를 질렀습니다. 그 소리를 듣고 서방님이 급히 계단을 뛰어올라왔습니다.

그 때, 캐서린이 팔을 축 늘어뜨리고 고개를 앞으로 떨구는 것이 보였습니다. 서방님은 노여움과 분노로 새파랗게 질려 히스클리프에게 달려들었습니다. 그러자 히스클리프는 죽은 듯이 늘어진 아씨를 서방님 팔에 안겨 주어 그가 화를 내지 못하게 했습니다.

"이것 봐요! 당신이 악마가 아니라면 먼저 부인을 살려 놓고 나서 할 말이 있으면 하시오!"

그리고 히스클리프는 거실로 걸어가 앉았습니다.

서방님과 저는 온갖 방법을 다한 끝에 겨우 아씨의 의식을 회복시켰습니다. 그러나 아씨는 갈피를 잡을 수 없을 정도로 정신이 혼란스러워져, 한숨을 쉬고 신음할 뿐 아무도 알아보지 못했습니다. 서방님은 아씨 걱정 때문에 그녀의 지겨운 남자 친구를 잊어버렸지만, 저는 그렇지 않았습니다. 틈나는 대로 그에게 가서, 아씨는 좀 나아졌으며 오늘 밤의 경과는 내일 아침에 알려 줄 테니 어서 가 달라고 부탁했습니다.

"캐서린이 의식을 찾았다니 일단 돌아가지. 그렇지만 내일 아침 낙엽송 아래서 기다리고 있겠네."

그는 반쯤 열린 문을 통해서 캐서린 아씨의 방을 슬쩍 들여다보고, 제 말이 틀림없다는 것을 확인한 다음에야 그 모습을 감추었습니다.

그날 밤 자정 무렵, 캐서린 아씨는 귀여운 딸을 낳았습니다. 일곱 달 밖에 안 된 아주 허약한 아기였습니다. 그리고 아씨는 두 시간 후에 세상을 떠났습니다.

다음 날, 저는 해가 떠오르자마자 밖으로 나갔습니다. 하인들은 제가 밤샘을 했기 때문에 졸음을 쫓기 위해 나간 줄 알았겠지만, 사실은 히스클리프를 만나러 가기 위해서였습니다.

제가 가까이 가자, 그는 얼굴을 들고 말했습니다.

"캐서린은 죽었군! 그런 소식을 듣기 위해 자넬 기다린 것이 아니었는데."

"그래요, 돌아가셨어요!"

저는 흐느낌을 참으며 뺨으로 흘러내리는 눈물을 닦았습니다.

"그녀는 어떻게 죽었나?"

그는 마음의 쓰라린 고통으로 인해 자기도 모르게 손끝까지 떨고 있었습니다.

"아씨는 어린 양처럼 편안히 숨을 거두셨어요. 한숨을 들이쉬고는 어린애가 잠깐 깨었다 다시 잠들 때처럼 기지개를 켰어요. 그리고 5분 후, 심장이 한 번 힘없이 뛰더니 그만 멎어 버렸답니다."

"그리고 나에 대한 말은 없었나?"

그는 망설이다가 물었습니다.

"아씨께선 다시는 깨어나지 못했어요. 당신이 나간 이후에 아무도 알아보지 못했지요."

"오오, 하느님! 너무하십니다. 나는 나의 생명인 캐서린 없이는 살 수가 없어요. 나의 영혼인 캐서린 없이는 살 수가 없단 말입니다!"

히스클리프는 옹이가 진 나무 밑둥에 머리를 찧으며 눈을 부릅뜨고 몸부림쳤습니다. 나무 껍질에 핏방울이 튀고, 그의 손과 이마에도 피가 흐르고 있었습니다.

아씨의 장례식은 돌아가신 다음 금요일에 치르기로 날짜가 정해졌습니다. 그 때까지 아씨의 관은 뚜껑을 덮지 않은 채 꽃과 향기로운 나뭇잎을 뿌려 넓은 응접실에 그대로 놓아 두었습니다.

에드거 서방님은 밤이나 낮이나 잠도 안 자고 그 방에 앉아 있었습니다. 그리고 저만 아는 일이지만, 히스클리프 또한 밖에서 적어도 밤에만은 자지 않고 지키고 있었습니다.

캐서린 아씨는 교회 묘지 한구석의 푸른 언덕배기에 묻혔습니다. 지금은 그녀의 남편도 그 곳에 묻혀 있지만, 간단한 비석과 바닥에 깔린 수수한 묘석만이 밑에 무덤이 있다는 것을 나타내고 있을 뿐입니다.

한밤의 난투극

한 달쯤 계속되던 화창한 날씨가 마지막으로 좋던 그 금요일, 날이 저물자 갑자기 날씨가 나빠졌습니다. 바람이 남풍에서 북서풍으로 변하더니, 처음에는 비가 오기 시작하다가 나중에는 진눈깨비와 눈으로 변했습니다. 그 다음 날 아침에는 여름에 들어선 지 3주일이나 지났다고는 도저히 말할 수 없을 정도로 추웠습니다.

에드거 서방님은 방에서 나오지 않았고, 저는 텅 빈 거실에서 울며 보채는 아기를 어르고 있었습니다.

그 때 갑자기 문이 열리더니, 누군가 숨이 넘어갈 정도로 웃으며 들어왔습니다. 깜짝 놀라 뒤를 돌아보니 이사벨라였습니다.

"아니, 아가씨, 어쩐 일이에요?"

"워더링 하이츠에서부터 계속 뛰어왔어! 자세한 이야기는 나중에 할 테니, 기머튼까지 갈 마차를 한 대 불러 줘. 그리고 내 옷장에서 옷가지 몇 벌만 챙겨 주고."

머리는 비를 맞아 젖어 버렸고, 얇은 비단으로 된 소매가 짧은 긴 웃옷은 젖어서 몸에 달라붙고, 발에는 얇은 슬리퍼를 신었을 뿐이었습니다. 한쪽 귀밑에 상처가 나 있었는데, 피는 추위에 얼어서 더 이상 흐르지 않았습니다. 그 밖에도 하얀 얼굴에는 군데군데 손톱자국이 나 있고 멍이 들어 있었으며, 몸은 지쳐서 추스르지도 못할 지경이었습니다.

그러니 그녀를 차분하게 살펴본 후에도 처음 보았을 때의 놀라움이 가시지 않는 것은 당연했습니다.

"젖은 옷을 몽땅 벗고 마른 옷으로 갈아입으실 때까지는 아무데도 가지 않고 어떤 말씀도 듣지 않겠어요. 아무래도 오늘 밤 기머튼에 가시기는 틀렸으니, 마차도 부를 필요가 없겠지요."

"아니, 나는 가야 해. 걸어가든 타고 가든 말이야. 하지만 옷을 갈아입는 것에는 나도 찬성이야. 그리고……. 아, 이 목에 흐르는 피 좀 봐! 불을 쬐니 쑤시는군."

이사벨라는 자기가 원하는 대로 해 주기 전에는 몸에 손도 대지 못하게 했습니다. 결국 제가 마차를 준비하라고 이르고, 하녀가 필요한 옷을 챙기기 시작한 후에야 상처에 붕대를 감고 옷을 갈아입었습니다.

"자, 넬리, 나를 좀 봐. 불쌍한 캐서린 언니의 아기는 저리 뉘어 놓고. 그 아기는 보기도 싫어! 내가 들어오면서 멍청하게 웃었다고 해서 올케의 죽음을 슬퍼하지 않는다고 생각하진 마. 나도 몹시 울었어."

이사벨라는 난롯가의 안락 의자에 앉아 차를 마시다가 가운뎃손가락의 금반지를 빼서 난롯불 속으로 던졌습니다.

"이런 건 필요 없어! 그 남자는 오빠를 괴롭히기 위해서라도 나를 찾아올 거야. 그런 생각이 이 몹쓸 머릿속에 떠오르기 전에 떠나려는 거야."

저는 무엇 때문에 그렇게 흉한 모습으로 워더링 하이츠에서 도망치게 되었는지, 그리고 드러시크로스 저택에 머물지 않으려면 어디로 갈 작정인지 물었습니다.

"히스클리프는 거의 일주일 동안 식구들과 같이 식사를 하지 않았어. 그는 새벽녘에 돌아와 위층의 자기 방으로 올라가선 문을 잠가 버리는 거였어. 어젯밤 나는 12시가 다 되도록 오래 된 책을 읽고 있었어.

밖에는 눈보라가 치고, 자꾸만 교회 묘지와 새로 만들어진 무덤 생각이 나서 위층으로 자러 올라가기가 무섭기만 했어. 그 서글픈 묘지의 광경이 눈앞에 나타나곤 해서 앞에 펼친 책장에서 도저히 눈을 뗄 수가 없을 정도였어. 언쇼 씨는 맞은편에 앉아서 한 손으로 머리를 괴고 있었는데, 아마 나와 같은 생각을 하고 있었을 거야.

나는 매우 슬펐어. 그래서 책을 읽으면서 한숨을 쉬었지. 그 때 부엌 쪽에서 문을 열려고 하는 소리가 났어. 히스클리프가 밤샘을 하다가 다른 때보다 일찍 돌아온 거지. 문은 잠겨 있었어. 다른 문으로 들어오려고 돌아가는 발소리가 들리더군. 나도 모르게 벌떡 일어났더니, 문 쪽을 노려보고 있던 언쇼 씨가 나를 돌아보았어.

"저놈을 5분 동안만 밖에 세워 두어야지. 반대하진 않겠지요?"

언쇼 씨가 말했어.

"좋아요. 밤새도록이라도 세워 두세요!"

언쇼 씨는 그이가 미처 앞으로 돌아오기 전에 문을 잠가 버렸어.

그는 안주머니에서 칼 달린 권총을 꺼내더니 촛불을 끄려고 했어. 나는 그것을 빼앗고 그의 팔을 붙잡았지.

"저이에게 손을 대서는 안 돼요. 문이나 잠근 채 조용히 있어요!"

"안 돼! 나는 벌써 결심했으니까! 기어코 죽이고 말 테다. 당신이야 어떻게 생각하든 나는 당신에게는 자유를, 그리고 내 아들에게는 정당한 권리를 찾아 주려는 거요. 그러니 당신은 나를 방해하려고 머리를 썩일 필요가 없어요. 캐서린도 가 버렸겠다, 이제는 내가 내 목을 찔러 죽는대도 울어 줄 사람도, 안타까워할 사람도 없단 말이오…….
끝장을 낼 때가 온 거요!"

하고 자포자기한 듯이 그 사람이 외쳤어.

그것은 마치 곰과 맞붙는 것과 같고, 미치광이와 시비하는 것과도 같은 일이었어. 오직 한 가지 내가 할 수 있는 일은, 창가로 달려가서 그가 노리는 히스클리프에게 위험을 알려 주는 일이었지.

"오늘 밤은 어디 다른 곳에서 자고 오는 것이 좋겠어요! 기어코 들어오신다면, 언쇼 씨가 당신을 쏘아 죽일 거예요."

나는 다소 의기양양하게 소리쳤어.

"문이나 열어, 이⋯⋯."

남편은 입으로 옮기기도 창피한 그 점잖은 말을 내게 퍼붓더군.

"나는 상관 안하겠어요. 총에 맞아 죽고 싶으면 어서 마음대로 들어와 봐요. 내 할 일은 다 했으니까."

이렇게 말하고 나는 창문을 닫은 후 난롯가의 자리로 돌아와 버렸어. 언쇼 씨가 내게 마구 욕지거리를 했어. 아직도 내가 그 악마를 사랑하고 있다면서 말이야. 하지만 나는 양심의 가책을 받지도 않고 마음속으로 이런 생각을 하고 있었지. 만약 히스클리프가 그를 죽여서 그 불행한 삶을 끝내게 해 주면 그를 위해서 얼마나 다행한 일이며, 또한 그가 히스클리프를 죽여서 그에게 어울리는 곳으로 보내 버린다면 나를 위해서 그 얼마나 다행한 일인가 하고 말이야.

그런 생각을 하면서 앉아 있는데, 내 뒤에 있는 창문이 히스클리프의 주먹에 맞아 소리를 내며 바닥으로 떨어지고 그의 검은 얼굴이 불쑥 나타났어. 그런데 창문이 너무 작아서 그의 어깨가 들어오질 못했어. 나는 못 들어오겠거니 안심하고 미소를 지었어.

"이사벨라, 들어가게 해 줘. 안 그러면 나중에 후회할 거야!"

히스클리프가 말했어.

"나는 사람을 죽일 수는 없어요. 언쇼 씨가 칼이 달린 권총을 가지고 망을 보고 있단 말이에요."

"그럼 부엌문으로 들어가게 해 줘."

"언쇼 씨가 이미 거기에 가 있는걸요."

그때 언쇼 씨가 소리를 지르며 달려왔어.

"그놈 거기 있소? 이 구멍으로 팔을 내밀 수만 있다면 놈을 쏠 텐데!"

화가 난 히스클리프는 돌을 주워 창문과 창문 사이의 벽을 부수고 뛰어들어왔지. 그리고 무기를 빼앗고 언쇼 씨를 발로 차고 짓밟았어.

나는 조지프를 찾으러 갔는데, 그 늙은이는 다급한 내 말의 뜻을 대강 알아차리고는 한 번에 두 계단씩 뛰어내려오면서 숨을 몰아쉬었지.

"도대체 무슨 일이야? 아이고, 이를 어째!"

"무슨 일은 무슨 일이야!"

히스클리프는 영감을 밀어붙여 피가 흐르는 한복판에 무릎 꿇고 앉게 한 다음 수건을 던져 주었어. 언쇼 씨가 살아 있다는 것이 확실해지자, 조지프는 얼른 정신이 들도록 술을 한 모금 먹였지. 그 덕으로 그의 주인은 곧 꿈틀거리면서 의식을 되찾았어.

히스클리프는 언쇼 씨가 지독하게 술주정을 하더라고 몰아세우면서, 그의 행패를 더는 나무라지 않을 테니 가서 자라고 타이르더군. 제법 그럴싸한 충고를 하더니, 다행히도 그는 나가 버렸어. 그래서 언쇼 씨는 난롯가에 드러눕고, 나는 그렇게 쉽게 빠져 나오게 된 것을 다행으로 여기면서 내 방으로 올라갔어.

오늘 오전에 내려와 보니 12시 30분 전쯤이었는데, 언쇼 씨는 매우 불편한 듯 난롯가에 앉아 있었고, 히스클리프도 초췌하고 성난 얼굴로 벽난로에 기대어 있더군.

음식이 다 식도록 기다려도 두 사람 다 식사를 할 것 같지 않기에 나 혼자 먹기 시작했어. 식사를 마치고, 나는 언쇼 씨에게 몸은 좀 어떠냐고 물었어.

"팔만 빼고는 온몸이 마치 유령들과 한바탕 싸움이라도 한 것처럼 마구 쑤셔 대는군!"

"그럴 거예요."

"그럴 거라니, 내가 기절했을 때 저 녀석이 나를 때리기라도 했소?"

언쇼 씨가 묻기에 나는 귓속말로 알려 주었지.

"당신을 짓밟고 발로 찬 다음 땅바닥에 내던졌답니다. 저이는 사람이 아니라 악마에 가까워요."

언쇼 씨는 신음 소리를 내면서 일어나려고 몸부림치다가, 도저히 그에게 덤벼들 형편이 못 된다는 것을 깨닫고는 도로 주저앉았어.

"저이는 당신의 누이동생을 죽였어요. 우리 집에서는 히스클리프 씨만 아니었다면 당신의 누이동생은 아직 살아 있었을 거라고 믿고 있대요. 결국 저이에게 사랑을 받기보다는 미움을 받는 편이 나은 모양이에요."

내가 일부러 큰 소리로 말하자, 히스클리프가 버럭 소리를 질렀어.

"일어나 내 눈앞에서 당장 꺼져 버려!"

그의 말을 정확하게 알아들을 수는 없었으나, 적어도 그런 뜻인 것 같았어.

"미안하지만, 나도 캐서린 언니를 사랑했거든요. 그런 언니의 오빠를 지금 간호할 사람이 필요하니까, 언니를 대신해서 내가 돌보는 거예요. 언니가 죽고 나니까 언쇼 씨에게서 언니의 모습을 찾을 수 있어요. 언쇼 씨의 눈은 언니의 눈과 똑같거든요. 그리고 언니의……."

"썩 나가, 이 바보 같은 것아!"

히스클리프와 나 사이에는 소파의 등받이와 언쇼 씨의 몸이 가로놓여 있었으므로, 그는 나에게 달려드는 대신 식탁에서 칼을 집어던졌어. 그것이 귀밑에 맞았어. 나는 그길로 밖으로 뛰어나와 황야를 가로질러 이 곳까지 온 거야."

이사벨라는 말을 마치고 오라버니 내외의 초상화에 키스했습니다. 그리고 저에게도 같은 인사를 한 다음, 마차가 있는 곳으로 내려갔습니다.

그렇게 떠나 버린 이사벨라는 다시는 이 고장으로 돌아오지 않았지만, 모든 일이 좀 안정된 다음 남매간에는 편지가 오고갔습니다.

이사벨라는 런던 근처의 남쪽 지방에서 몇 달 후 아들을 낳았지요. 아기의 이름은 린튼이라 지었는데, 날 때부터 병약하고 까다로운 아기였답니다.

어느 날 히스클리프를 마을에서 만났는데, 저에게 아내가 사는 곳을 묻더군요. 저는 알려 주지 않았지요. 그는 별로 중요한 일은 아니라면서, 다만 아내가 친정 오빠의 집에 오는 것만은 조심해야 한다는 것이었습니다. 자기가 데리고 사는 한이 있더라도 오빠의 집에 살게 할 수는 없다는 것이었습니다.

그는 저를 만나면 아기에 대한 소식을 묻곤 했습니다.

아기 이름을 듣고는 쓰디쓰게 웃으면서 말했습니다.

"내가 내 아들까지도 미워하길 바라는가 보군."

"당신이 아예 아기에 대해서 아무것도 모르시기를 바랄 겁니다."

"하지만 마음이 내키면 나는 내 아들을 찾을 거야. 그 점은 기억해 두는 편이 좋을걸."

다행히도 그런 일이 오기 전에 이사벨라는 세상을 떠났습니다. 캐서린 아씨가 죽은 지 13년쯤 후였는데, 그 때 린튼은 열두 살 정도 되었을 때였지요.

한편, 캐서린 아씨의 아기가 말을 배우고 걸음마를 배우기 시작하자 에드거 서방님의 마음은 온통 아기에게로 향했습니다. 아기의 이름을 캐서린이라고 지었는데 늘 캐시라고 간단하게 부르셨습니다. 그러나 아기 엄마인 캐서린 아씨에게는 한번도 캐시라고 부르지 않았습니다. 아마 히스클리프가 그렇게 불렀기 때문에 꺼리셨던 것 같습니다.

저는 항상 에드거 서방님과 힌들리 서방님을 비교해 보면서, 어째서 비슷한 환경에서 자란 두 사람의 사는 모습이 그렇게 딴판인지 이해하기가 힘들었습니다. 두 사람 다 아내를 아끼는 남편이고 아이를 사랑하는 아버지인데, 그런 두 사람이 그것이 좋은 길이건 나쁜 길이건 어째서 같은 길을 가지 않았는지 모르겠어요.

힌들리 서방님의 최후는 예상했던 대로였습니다. 누이동생이 죽은 지 6개월도 못 되어 뒤따라갔습니다. 이 댁에선 죽기 전 그분의 상태에 대해 한 마디도 듣지 못했으므로, 제가 알고 있는 것은 모두 장례식 준비를 돕느라고 워더링 하이츠에 갔을 때 들은 얘기뿐입니다. 케네스 선생이 그 소식을 알리려고 왔더군요.

어느 날 아침, 케네스 선생이 말을 타고 마당으로 들어섰습니다. 너무 이른 시간이었으므로 저는 좋지 못한 소식임을 곧 알 수 있었습니다.

"힌들리 언쇼가 죽었네. 자네 소꿉친구 힌들리 말이야. 그 친구 잔뜩 취해 가지고 자기 신세답게 죽었다네. 불쌍한 친구지? 나도 슬프다네. 이제 겨우 스물일곱이나 되었을까? 그러고 보면 자네와 나이가 같을 걸세."

솔직하게 말해서 저에게는 이 소식이 캐서린 아씨가 죽었을 때보다 더 큰 충격을 주었습니다. 여러 가지 옛날 일이 마음속에서 맴돌았습니다. 그래서 케네스 선생에게는 다른 하인의 안내를 받으라고 말하고, 저는 현관에 앉아 혈육이라도 잃은 것처럼 목놓아 울었습니다.

서방님이 편안히 돌아가셨을까 하는 의문이 도무지 제 머릿속에서 지워지지 않았으므로, 저는 허락을 받고 워더링 하이츠에 가서 장례식을 돕기로 작정했습니다.

에드거 서방님은 몹시 언짢은 기색이었지만, 저는 돌아가신 분의 외로운 처지를 잘 설명하면서 간청했습니다. 그리고 저의 옛 친구이며 같은 젖을 먹고 자란 남매 같은 분이니, 서방님과 똑같이 저의 시중을 받을 권리가 있다고 말했습니다.

그뿐 아니라, 헤어튼은 가까운 친척이 없으니 서방님이 그 아이의 보호자가 되어야 하며, 유산은 어떻게 되었는지 살피고, 그 밖의 집안일도 돌보아 주어야 한다고 일깨워 주었습니다.

에드거 서방님은 자신은 그런 일을 맡을 처지가 아니니 고문 변호사에게 말해 보라고 하며, 결국 제가 가는 것을 허락했습니다.

그분의 변호사는 언쇼 가의 변호사이기도 했으므로, 저는 마을에 들러 함께 가자고 청했습니다. 그는 고개를 가로저으며 말했습니다.

"그 애의 아버지는 빚을 지고 죽었다네. 재산은 모두 저당잡혀 있으니, 그 아이에게 남은 유일한 길은 빚쟁이의 마음에 동정심을 일으켜서 되도록 자기에게 너그럽게 대하도록 하는 것뿐이라네."

워더링 하이츠에 도착한 저는, 일이 제대로 잘 처리되고 있나 도와주기 위해서 왔다고 말했습니다. 몹시 쩔쩔매고 있었던 듯, 조지프는 제가 나타난 것을 반가워했습니다. 히스클리프도, 저까지 필요한 일은 없으나 원한다면 머물면서 장례 절차를 돌보아도 좋다고 했습니다.

"사실은 저 바보 같은 놈의 시체는 장례식 같은 것도 없이 길거리에 갖다 버려야 하는 건데. 어제 오후 내가 한 10분쯤 집을 비웠더니, 그 사이 이 집의 문 두 개를 다 닫아 걸고 나를 못 들어오게 한 다음 일부러 밤새껏 술타령을 하다가 죽은 거라네! 말이 코를 고는 듯한 소리가 나기에 오늘 아침 문을 부수고 들어가 보았더니, 저기 소파 위에 누워 있더군. 죽인다고 덤벼도 일어날 성싶지 않더군. 케네스를 불러 왔지만, 녀석은 이미 죽어서 딱딱하게 굳었더라니까."

저는 장례식을 성대하게 치러야 한다고 우겼습니다.

히스클리프는 제 마음대로 해도 좋다고 하면서, 다만 모든 비용이 자기 호주머니에서 나간다는 것만은 명심하라고 말했습니다.

사람들이 관을 집에서 밖으로 옮기는 바로 그 때, 헤어튼과 같이 관을 따라나가기 바로 전에 히스클리프는 그 불쌍한 아이를 탁자 위에 올려놓고 매우 즐거운 듯이 속삭였습니다.

"내 사랑스런 아가야. 이제부터 너는 내 거야. 강한 바람을 맞으면서도 나무가 구부러지지 않고 곧게 자랄 수 있는지 두고 보자꾸나!"

아무것도 모르는 어린아이는 그 말을 듣고 재미있어하면서 히스클리프의 턱수염을 만지작거리기도 하고 그의 뺨을 어루만지기도 했지만, 저는 그 말의 뜻을 알아채고 날카롭게 쏘아 주었습니다.

"도련님은 저와 함께 드러시크로스 저택으로 돌아가야 해요! 도련님이 당신 것이라니 말이 됩니까!"

"에드거가 그러던가?"

그가 따지듯이 묻더군요.

"물론이죠. 서방님께서는 도련님을 데려 오라고 말씀하셨어요."

"지금 그 문제로 싸우고 싶진 않네. 하지만 나는 어린아이를 하나 키워 보고 싶네. 자네 주인에게 가서, 이 아이를 데려가고 싶으면 나도 내 자식을 데려와야겠다고 하더라고 말해 주게. 헤어튼을 순순히 보내지도 않겠지만, 내 자식만은 꼭 데려오겠다더라고 전해 주게."

그런 말을 듣고 보니 어쩔 도리가 없었습니다.

저는 돌아와서 그 일에 대해 에드거 서방님과 의논했습니다. 처음부터 별로 관심이 없었던 서방님은 더 이상 간섭하려고 하지 않았습니다.

사랑스런 캐시 아가씨

그 음울한 시기가 지난 후의 12년간이 제 생애에서는 가장 행복한 시절이었어요. 어린 아가씨의 잔병치레 정도가 그 동안에 제가 겪은 가장 힘든 일이었습니다.

생후 6개월이 지나자 아가씨는 낙엽송처럼 무럭무럭 자라서, 캐서린 아씨의 무덤 위에 또다시 히스꽃이 만발하기 전에 걸음마도 하고 말도 하게 되었습니다.

아기는 언쇼 씨 집안 특유의 검은 눈과 함께 린튼 집안 특유의 흰 살결에 오밀조밀한 얼굴, 노란 곱슬머리를 가지고 있어 무척 귀여웠습니다. 성격은 명랑하면서도 거칠지 않았고, 다정다감한 마음씨가 어머니를 연상케 했지만, 그러면서도 어머니를 닮지는 않았습니다. 왜냐하면 아가씨는 비둘기처럼 부드럽고 온순했으며, 상냥한 목소리와 애수에 젖은 표정을 지니고 있었으니까요.

열세 살이 되기까지 아가씨는 혼자서는 숲 밖으로 나간 일이 없었습니다. 어쩌다가 에드거 서방님이 3킬로미터쯤 밖으로 따님을 데리고 나가기도 했지만, 다른 사람 손에 따님을 맡기는 일은 결코 없었습니다.

캐시는 가끔 창 밖을 내다보며 이런 말을 하곤 했습니다.

"넬리, 난 얼마나 더 있어야 저 산꼭대기까지 올라갈 수 있을까? 산 너머 저쪽에는 뭐가 있을까? 바다가 있을까?"

"아니에요, 캐시 아가씨. 그 너머에도 저런 산이 또 있고 또 있지요."

"저 황금빛 바위들은 그 밑에 가서 보면 어떤 모양일까?"

캐시는 무엇보다도 페니스톤 바위산의 절벽에 관심을 가졌습니다. 특히 석양이 그 바위와 산꼭대기에만 비치고, 그 외에 눈에 보이는 모든 것이 그늘에 잠겨 있을 때는 더욱 마음이 끌리는 것 같았습니다.

저는 그 바위산은 벌거벗은 돌덩어리여서 나무 한 그루 자랄 흙도 없다고 말해 주었습니다.

"이쪽은 이미 어둡기 시작했는데, 왜 저 바위는 계속 환하게 빛나는 거야?"

캐시가 또 물었지요.

"저 바위는 여기보다 훨씬 더 높은 곳에 있기 때문에 햇빛이 비치는 거예요. 하지만 저긴 너무 높고 험해서 올라갈 수 없어요."

그러자 캐시가 기쁜 듯 소리쳤어요.

"아, 그럼 넬리는 저길 가 보았군! 그럼 나도 어른이 되면 갈 수 있겠네. 아빠도 저기 가신 적이 있을까?"

"아마 아버님은 일부러 찾아갈 곳이 못 된다고 말씀하실 겁니다. 아버님과 같이 거니는 저 벌판이 훨씬 더 좋아요. 그리고 드러시크로스 저택의 숲이 세상에서 제일 아름답지요."

"하지만 나는 숲은 가 봐서 알지만 저긴 모르거든. 저 꼭대기에 서서 주위를 둘러보면 재미있겠어. 내 망아지 미니가 언젠가는 나를 데리고 가 주겠지."

캐시는 에드거 서방님을 졸라 크면 페니스톤 바위산에 보내 주겠다는 약속을 받아 냈습니다. 그 후로는 틈만 나면 '이제 페니스톤 바위산에 갈 만큼 컸나요?' 하고 입버릇처럼 물었습니다.

바위산으로 가는 길은 워더링 하이츠 바로 옆으로 나 있었습니다. 서방님은 차마 그 옆을 지날 용기가 나지 않았으므로, 항상 대답은 똑같았습니다.

"아직 멀었어. 아직 안 돼."

그러던 어느 날, 에드거 서방님에게 런던의 이사벨라로부터 편지가 왔습니다. 넉 달 전부터 심한 병을 앓고 있는데, 아무래도 나을 것 같지 않으니 되도록 속히 와 달라는 것이었습니다.

에드거 서방님은 곧 런던으로 떠날 채비를 했습니다. 아무래도 린튼 도련님을 데려와야 할 것 같다고 말씀하셨습니다. 집을 비우는 동안 캐시 아가씨를 각별히 보살피라고 부탁하면서, 비록 저와 함께라도 밖으로는 나가지 말라고 분부하셨습니다.

서방님은 3주일 동안 집을 떠나 있었습니다. 아가씨는 처음 하루 이틀은 책을 읽거나 놀지도 않고 서재 한쪽에만 앉아 있었습니다. 그렇게 얌전한 상태에서 그녀는 전혀 말썽을 부리지 않았지만, 차츰 답답하고 짜증이 나는 것 같았습니다. 그런데 저는 바쁘기도 하고 나이도 먹었으므로 아래위로 오르내리면서 즐겁게 해 줄 수가 없어서, 아가씨 혼자서 놀 수 있는 방법을 생각해 냈습니다.

저는 아가씨를 때로는 걸어서, 때로는 망아지를 타고 집 주위를 뱅글뱅글 도는 여행을 떠나 보내곤 했습니다. 그리고 여행에서 돌아와 엮어 내는 사실 반 공상 반의 여행담을 인내를 가지고 들어 주었습니다.

때는 한여름이었습니다. 아가씨는 이 혼자만의 산책을 매우 즐겼으므로, 아침을 먹고 나가면 차 마실 시간이 되도록 돌아오지 않는 때가 종종 있었습니다.

어느 날, 아침 8시쯤 캐시 아가씨가 저에게 와서, 그 날은 아라비아 상인이 되어 대상을 이끌고 사막을 횡단할 계획이니 사람과 짐승을 위해서 식량을 넉넉히 마련해 달라고 말했습니다. 짐승이란 말 한 마리와 낙타 세 마리인데, 낙타는 큰 사냥개 한 마리와 포인터 두 마리로 대신했습니다. 저는 맛있는 것을 잔뜩 준비해서 바구니에 넣어 말안장의 한쪽에 매달아 주었습니다.

아가씨는 일찍 돌아오라는 제 충고 따위는 귓전으로 흘리며 요정처럼 경쾌하게 말에 올라 밖으로 나갔습니다.

캐시는 차 마실 시간이 되어도 돌아오지 않았습니다. 일행 중 편안한 것을 좋아하는 늙은 사냥개만 돌아왔을 뿐, 캐시 아가씨를 비롯한 망아지와 포인터 두 마리는 어디에도 보이지 않았습니다. 저는 이곳 저곳에 사람을 내보내 찾다 못해 결국 직접 아가씨를 찾으러 나섰습니다. 일꾼 하나가 마당과 경계를 이루고 있는 숲의 울타리를 고치고 있기에 아가씨를 보았느냐고 물었습니다.

"아침에 봤어요. 나에게 개암나무 채찍을 하나 만들어 달라고 하더니 저기 저 울타리의 제일 낮은 곳으로 말을 몰고 뛰어넘어 달아나 버렸습니다."

이 말을 들은 제 마음이 어떠했겠는지 짐작하시겠지요? 아가씨는 틀림없이 페니스톤 바위산으로 갔으리란 생각이 들더군요.

'혹시 아가씨가 바위산에 기어오르다가 미끄러지기라도 한다면?'

걱정이 된 저는 정신 없이 뛰어갔습니다.

그래서 워더링 하이츠 옆을 지나다 아가씨가 데리고 간 포인터 중에서 제일 사나운 찰리란 놈이, 머리는 부어오르고 귀에서는 피를 흘리면서 창문 아래 누워 있는 것을 보았을 때는 반갑고 한시름 놓이는 심정이었습니다.

저는 쪽문을 열고 현관으로 달려가 요란스럽게 문을 두드렸지요. 전에 기머튼에 살던, 저와 안면 있는 여자가 문을 열더군요. 이 여자는 힌들리 서방님이 세상을 떠난 후 그 집 하녀로 와 있었습니다.

"아아, 아가씨를 찾으러 오셨군요! 걱정 마세요, 여기서 잘 놀고 계시니까. 주인님인 줄 알았는데, 아니어서 다행입니다."

"그럼 그분은 집에 안 계신가요?"

급히 걸어온데다가 놀라기도 했으므로 몹시 숨이 차서 헐떡이며 저는 말했습니다.

"네, 안 계세요. 주인님도 안 계시고 조지프도 나갔어요. 한두 시간 안엔 오실 것 같지 않으니, 들어와서 잠깐 쉬었다 가세요."

들어가 보니, 캐시 아가씨는 작은 의자에 앉아 흔들거리고 있었습니다. 모자는 벽에 걸려 있고, 아가씨는 더없이 명랑한 표정으로 헤어튼에게 종알거리고 있었습니다. 헤어튼은 어느 새 열여덟 살의 건장한 청년이 되어 있었어요.

"잘 하는군요, 아가씨! 이제 아버지가 돌아오실 때까지 말 탈 생각은 말아요."

반가움을 감춘 채 저는 성난 얼굴로 말했습니다.

그러자 하녀가 끼어들었습니다.

"이렇게 귀여운 아가씨를 너무 나무라지 마세요, 딘 부인. 우리가 불러들였으니까요."

저는 하녀의 변명을 무시하고 제 말만 했습니다.

"10분만 있으면 곧 사방이 어두워질 거예요. 망아지는 어디 있지요, 아가씨? 그리고 피닉스는요? 서두르지 않으면 저 혼자 갈 테니 마음대로 하세요."

"망아지는 마당에 있고, 피닉스는 저기 가둬 두었어. 물렸거든. 그리고 찰리도 물렸어. 전부 얘기해 주려고 했었는데, 넬리가 화를 내니까 말하지 않을래."

저는 모자를 집어 들고 씌워 주려고 다가갔습니다. 그랬더니 그 집 사람들이 자기 편인 것을 알고 아가씨는 방 안을 이리저리 피해 다니기 시작했습니다. 제가 쫓아가자, 가구 뒤로, 위아래로 생쥐처럼 뛰어다니면서 뒤쫓는 저를 놀려 댔습니다.

헤어튼과 하녀가 웃으니까 덩달아 웃으며 더욱더 건방지게 굴기에, 드디어 저는 몹시 화가 나서 외쳤습니다.

"이 집이 누구 집인지 안다면 얼른 나가고 싶어질 거예요!"

"여기는 당신 아버지 집 아닌가요?"

아가씨가 헤어튼을 쳐다보며 물었습니다.

"아니."

헤어튼은 눈길을 떨구고 부끄러운 듯 얼굴이 빨개졌습니다.

"그럼 이 사람은 누구지? 이 사람이 '우리 집'이니 '우리 식구'니 하기에 이 집 주인의 아들인 줄 알았지."

철모르는 이 말에 헤어튼의 얼굴은 먹구름처럼 어두워졌습니다.

저는 조용히 아가씨를 달래 겨우 떠날 채비를 차리게 하는 데 성공했습니다.

"돌아가야 하니까, 내 말을 끌어다 줘."

캐시는 헤어튼에게 명령하듯이 말했습니다.

"아가씨, 헤어튼 도련님은 이 댁 주인의 아들은 아니지만, 아가씨와는 사촌이에요."

곁에 있던 하녀가 말했습니다.

"저 사람이 내 사촌이라고! 아빠가 내 사촌을 데리러 런던에 가셨잖아. 내 사촌은……."

아가씨는 말을 잇지 못하고 소리 내어 울어 버렸습니다.

저는 나직하게 말했습니다.

"울지 말아요. 사촌이란 여럿일 수도 있고, 그 중엔 별의별 사촌이 다 있는 거예요. 이런 사촌이 있다고 해서 품위가 떨어지거나 하는 것은 아니에요. 다만 마음이 안 맞고 나쁜 사람들이라면 어울리지 않는 편이 나아요."

저는 몹시 난처했습니다. 틀림없이 런던의 사촌이 이 곳으로 온다는 아가씨의 말이 히스클리프에게 전해질 것이고, 아가씨는 버릇없이 마구

자라난 그 젊은이가 자기 친척이라는 하녀의 말을 에드거 서방님이 돌아오시자마자 확인하려고 들 것이 분명하니까요.

그날 밤, 저는 캐시 아가씨에게 에드거 서방님이 워더링 하이츠의 식구들을 얼마나 싫어하는지, 그리고 아가씨가 그 곳에 다녀왔다는 것을 알면 얼마나 노할 것인지에 대해 이야기했습니다.

"어쩌면 나는 쫓겨날지도 몰라요. 그러니 아버지께 말해선 절대로 안 돼요."

그러자 캐시 아가씨는 고개를 끄덕였습니다.

며칠이 지나 에드거 서방님이 돌아올 날짜를 알리는 편지가 배달되었습니다. 편지에는 검은 테두리가 쳐져 있었지요. 이사벨라가 죽었던 겁니다. 따님에게 상복을 입히고, 어린 조카를 위해서 거처할 방을 마련할 것이며, 그 밖에 여러 가지 준비를 하라고 당부하셨더군요.

드디어 서방님이 돌아오기로 한 날, 멀리서 마차가 달려오는 것이 보였습니다. 아가씨는 창으로 내다보는 아버지의 얼굴을 보고 소리를 지르며 두 팔을 흔들었습니다. 서방님도 따님 못지않게 반가운 표정으로 마차에서 내렸습니다.

한참 동안 그들은 다른 사람을 생각할 여유가 없었습니다. 두 분이 얼싸안고 있는 동안, 저는 마차 안을 살피며 린튼을 찾았습니다. 그는 혼자 겨울을 만난 듯 속이 털로 된 따뜻한 외투에 싸여 구석에서 깊은 잠에 빠져 있었습니다. 계집애처럼 얼굴이 창백하고 연약한 소년으로, 서방님의 동생이라고 해도 믿을 만큼 서방님을 닮았습니다. 그러나 서방님에게서는 볼 수 없는 병적인 까다로움을 지니고 있었습니다.

"캐시, 네 사촌은 너처럼 건강하지도 못하고 쾌활하지도 못해. 바로 얼마 전에 어머니를 잃었잖아. 그러니 지금 너와 같이 뛰어놀 수 있을 거라고 생각해서는 안 돼. 그리고 너무 말을 많이 걸어서 귀찮게 해도 못써요. 오늘 밤만이라도 그 아이를 가만히 내버려 두는 거야.
알았지?"

에드거 서방님이 말했습니다.

"네, 아빠."

그런데 그날 밤 갑자기 조지프가 찾아왔습니다. 히스클리프가 아들을
데리고 오라고 했다는 것이었습니다.

서방님은 잠시 말이 없었습니다. 아이를 건네 준 다음의 일이 걱정되
어 마음속으로 어떻게 하면 이 요구를 피할 수 있을까 궁리하는 눈치였
습니다. 그러나 적절한 대책이 떠오르지 않는 모양이었습니다.

마침내 서방님이 조용히 말했습니다.

"히스클리프 씨에게 전해 주게. 내일 아드님을 보내 드리겠다고 말일
세. 이미 잠자리에 든데다가 워낙 피곤해서 지금은 거기까지 갈 수
없을 걸세."

다음 날 아침, 에드거 서방님은 저에게 도련님을 캐시 아가씨의 망아
지에 태워 데려다 주고 오라고 일렀습니다.

일어나기 싫어하는 것을 새벽 5시에 잠자리에서 일으켜 아버지를 만
나러 가야 한다고 했더니, 린튼은 깜짝 놀랐습니다.

"엄마는 한번도 아버지가 계시다는 말을 하지 않았어. 그 사람은 어
디 사는데? 난 외삼촌과 살고 싶어."

"아버지는 이 곳에서 얼마 떨어지지 않은 곳에 사세요. 바로 저 언덕
너머예요."

린튼은 고개를 갸웃거렸습니다.

"하지만 왜 나는 여태까지 아버지에 대해서 들어 본 적이 없을까? 왜
엄마와 아버지는 함께 살지 않았을까?"

"아버지는 일 때문에 북쪽에 사실 수밖에 없었고, 어머니는 건강 때

문에 남쪽에 사셔야 했으니까요."

린튼은 다시 침대 위에 벌렁 누웠습니다.

"외삼촌이 안 가시면 나도 안 갈래! 절대로 안 가. 나를 어디로 데려 갈지 알 게 뭐야."

옷을 갈아입는 것조차 완강히 거부했으므로, 소년을 꾀어 잠자리에서 끌어 내는 데 서방님의 도움을 청하지 않을 수 없었습니다. 잠시 동안 다니러 갈 뿐이라든지, 외삼촌과 캐시 아가씨가 찾아갈 것이라든지 하는 몇 가지 이루어지기 힘든 다짐을 받고서야 그 가엾은 소년은 자리에서 일어났습니다.

워더링 하이츠에 도착한 것은 6시 반이었는데, 식구들이 막 아침 식사를 끝낸 듯 하녀가 식탁을 치우고 있었습니다.

"여어, 넬리! 내가 직접 가서 아들놈을 데려와야 하나 보다 했더니 자네가 데려왔군. 어디 쓸 만한가 좀 볼까?"

히스클리프는 일어나서 성큼성큼 문 쪽으로 걸어왔습니다.

그는 아들이 어쩔 줄 몰라 벌벌 떨 지경이 되도록 뚫어지게 노려보더니, 경멸하듯이 웃었습니다.

"쯧쯧!"

히스클리프는 혀를 차더니 한 손을 뻗어 자기 무릎 사이로 아들을 끌어당긴 다음 턱을 받쳐 얼굴을 들게 했습니다.

그는 아들의 모자를 벗기고 탐스러운 노란 곱슬머리를 쓸어 넘기고 가는 팔과 작은 손가락을 만져 보았습니다.

"너 나를 아니?"

히스클리프가 물었습니다.

"몰라요."

린튼은 두려운 눈초리로 바라보며 대답했습니다.

"내 얘기를 들은 적은 있겠지?"

"없어요."

"없다니! 아버지에 대한 자식으로서의 정을 깨우쳐 주지 않았다니, 네 어미도 참으로 고약하구나! 그렇다면 내가 말해 주지. 너는 내 아들이다. 훌륭한 사람이 되어야 해. 그러면 나도 너를 위해 힘쓰마."

"그럼 히스클리프 씨, 아드님에게 친절하게 대해 주세요. 그렇지 않으면 오래 살지 못할 겁니다. 도련님은 이 넓은 세상에서 당신의 유일한 혈육이라는 것을 기억하셔야 합니다. 아시겠지요?"

"매우 친절하게 할 테니 염려 말게. 나는 아들을 위해서 이층에 방을 하나 마련해서 멋지게 꾸며 놓았다네. 또한 가정교사도 물색해서, 30 킬로미터나 되는 곳에서 일주일에 세 번씩 오도록 해 놓았지. 헤어튼에게도 저 애의 말에 복종하라고 일러두었다네."

저는 린튼이 순하게 생긴 개가 다가오는 것을 조심스럽게 막아 내고 있는 틈을 타서 살그머니 빠져 나왔습니다. 그러나 문이 닫히자, 린튼은 이내 울음을 터뜨리며 미친 듯이 소리쳤습니다.

"나를 두고 가지 마! 난 여기 안 있을래! 여기 안 있을래!"

그러더니 걸쇠가 올라갔다 내려오는 소리가 들렸습니다. 그들이 도련님을 밖으로 나오지 못하게 한 거죠. 저는 말에 올라타고 길을 재촉했습니다.

헤어튼과 린튼

그 날 우리는 캐시 아가씨 때문에 무척 혼이 났습니다. 아가씨는 들뜬 기분으로 아침 일찍 일어났다가, 린튼이 떠났다는 이야기를 듣고 심하게 울었습니다.

그래서 서방님이 린튼은 곧 돌아올 거라면서 따님을 달래야 했습니다. 서방님은 '데리고 올 수만 있다면'이라는 단서를 붙였는데, 그럴 가망은 전혀 없었지요.

그 말에 아가씨는 겨우 진정이 되었지만, 세월이 더 좋은 약이더군요. 아가씨는 그 후로도 이따금 린튼이 언제 돌아오느냐고 묻곤 했지만, 이제는 만나도 그 얼굴을 기억해 내지 못할 정도가 되어 버렸습니다.

저는 볼일이 있어 기머튼에 갔다가 워더링 하이츠의 가정부를 만나는 경우가 있으면 언제나 린튼 도련님의 안부를 묻곤 했습니다. 도련님 역시 캐시 아가씨와 다름없이 밖에 나오지 않기 때문에 전혀 만날 수가 없었으니까요.

저는 그 가정부를 통해서 그가 여전히 건강이 좋지 못하고, 집 안에서 짐스러운 존재임을 알게 되었습니다. 그녀는 또 히스클리프 씨가 비록 감정을 겉으로 드러내지 않으려 노력하고는 있지만 점점 더 아드님을 싫어하는 것 같다고 했습니다. 그는 아들의 목소리조차 듣기 싫어해 한 방에서 단 몇 분도 함께 앉아 있지 못한다는 것이었습니다.

저는 린튼이 불쌍하기도 하고, 우리와 같이 살았으면 좋았을 텐데 하며 동정은 하면서도, 그에 대한 관심은 시간이 지날수록 점점 줄어들었습니다.

에드거 서방님은 자주 저에게 도련님의 소식을 알아오라고 말했습니다. 걱정이 되어서 어떤 위험이 닥치더라도 조카를 만나 보고 싶었던 모양입니다. 한번은 저더러 도련님이 마을에 나오는 일이 있는가 가정부에게 알아오라고 했습니다. 그 가정부의 말에 의하면 린튼은 꼭 두 번 아버지를 따라 마을에 나온 적이 있는데, 두 번 다 나온 후 3, 4일 동안은 지쳐서 꼼짝도 못하더라는 것이었습니다.

제 기억이 정확하다면, 그 가정부는 도련님이 오고 나서 2년 후에 그만두었고, 그 뒤에 들어온 가정부는 제가 모르는 여자인데 지금도 그 댁에 살고 있습니다.

세월이 흘러 어느덧 캐시 아가씨는 열여섯 살이 되었습니다. 아가씨의 생일은 바로 돌아가신 아씨의 제삿날이기도 하기 때문에 항상 축하다운 축하를 해 본 일이 없었습니다. 그 날이 되면 서방님은 보통 날과 마찬가지로 서재에서 혼자 지내다가, 어두워지면 기머튼 교회에 있는 묘지에 가서 자정까지 머물다 오셨습니다. 그래서 아가씨를 혼자 놀도록 내버려 두곤 했습니다.

그 해 3월 20일은 화사한 봄날이었습니다. 서방님이 서재에 든 다음, 아가씨는 나들이옷을 입고 내려왔습니다. 아버지에게 저와 같이 들에 산책을 나가도 좋으냐고 물었더니, 멀리 가지 말고 한 시간 이내에 돌아온다면 가도 좋다는 허락이 떨어졌다고 그러더군요.

"그러니까 서둘러요! 난 꼭 가 보고 싶은 곳이 있어. 뇌조의 무리가 사는 곳인데, 그것들이 둥지를 다 지었는지 가 보고 싶어."

캐시 아가씨가 재촉했습니다.

"거긴 꽤 멀잖아요. 뇌조는 가까운 들판에는 집을 짓지 않으니까요."

"아니야, 그렇지 않아. 나는 아빠랑 바로 그 가까이까지 갔다온 적이 있는걸."

저는 더 이상 그 문제에 대해서는 말하지 않고, 모자를 쓰고 상쾌한 기분으로 집을 나섰습니다. 아가씨는 마치 어린 사냥개처럼 제 앞으로 뛰어갔다가는 제 옆으로 돌아오고 다시 달려가곤 했습니다.

"그런데 그 뇌조가 어디 있는 거예요, 아가씨? 이젠 나타날 만도 한데요. 저택의 울타리를 벗어난 지 꽤 오래 됐어요."

"아이, 조금만 더 가면 돼. 조금만 더 가면 말이야, 넬리. 언덕에 올라 저 둑을 지나 저쪽에 갈 때까지는 새들이 후드득거리며 달아나는 둥지를 꼭 찾을 테야."

그러나 오르고 지나야 할 언덕과 둑이 너무 많아서 드디어 저는 지치기 시작했습니다. 그래서 그만 집으로 돌아가자고 했습니다. 아가씨가 저를 훨씬 앞질러 가고 있었기 때문에 저는 소리를 질렀지만, 계속 뛰어가기만 해서 저도 할 수 없이 뛰었습니다. 마침내 아가씨의 모습이 골짜기 속으로 사라져 버렸습니다.

다시 그 모습이 나타났을 때는 우리 집보다는 오히려 워더링 하이츠에 3킬로미터쯤 더 가까운 곳에 가 있었습니다. 그리고 두 사람이 아가씨를 붙잡는 것이 보였는데, 그 중의 한 사람은 분명 히스클리프였습니다.

캐시 아가씨는 뇌조의 둥지를 훔쳤거나, 아니면 적어도 그것을 찾고 있는 현장을 들켰던 겁니다. 워더링 하이츠는 히스클리프의 땅이었으므로 그는 '밀렵자'를 야단치고 있는 중이었습니다.

"나는 한 마리도 잡지 않았을 뿐만 아니라 보지도 못했어요. 나는 새를 잡을 생각은 없었어요. 아빠가 이 곳에 올라오면 뇌조가 많다고 해서, 새알이 보고 싶어 온 거예요."

아가씨는 제가 가까스로 그 곳에 이르렀을 때 두 손을 벌려 보이면서 설명을 하고 있더군요.

히스클리프는 자기의 상대가 누구인지 알고 있었고, 따라서 용서할 수 없다는 듯 짓궂게 웃으며 저를 힐끗 보더니 아빠가 누구냐고 물었습니다.

"드러시크로스 저택의 린튼 씨예요. 당신은 내가 누군지 모르는가 보죠? 아신다면 그렇게 말씀하실 리가 없으니까요."

아가씨가 대답했습니다.

"아가씨는 아가씨의 아버지가 매우 훌륭하고 존경받는 분이라고 여기

나 보지?"

히스클리프가 비웃듯이 말했습니다.

"그런데 당신은 누구세요? 아아, 저 사람은 전에 만난 적이 있어요. 당신의 아드님인가요?"

아가씨는 헤어튼을 가리켰습니다.

"우리가 나온 지 벌써 세 시간이 되어 가요. 서둘러 돌아가야겠어요, 아가씨."

제가 끼여들었습니다.

그러나 히스클리프는 저를 무시하고 대답했습니다.

"아니, 저 애는 내 아들이 아니야. 하지만 내게는 아들이 하나 있는데, 아가씨도 전에 본 적이 있을 거야. 두 사람 다 잠시 쉬어 가는 것이 좋을 것 같군. 이 히스 언덕을 돌아서 우리 집으로 들어가지. 좀

쉬면 더 빨리 집으로 돌아갈 수 있을 거야."

저는 아가씨에게 그건 안 된다고 속삭였습니다.

"왜? 난 너무 뛰었더니 지쳤어. 그리고 풀밭은 이슬에 젖어서 앉을 수도 없고. 넬리, 우리 가 봐."

"그래. 이봐, 넬리, 가만히 있어. 우리 집에 들러 그 녀석을 만나면 아가씨는 좋아할 거야. 헤어튼, 아가씨와 같이 먼저 가라. 넬리, 자네는 나와 같이 가고."

"안 돼요, 아가씨! 가시면 안 돼요!"

저는 소리치며 히스클리프에게 붙잡힌 팔을 뿌리치려고 애썼습니다.

아가씨는 재빨리 언덕을 뛰어내려가 이미 그 집 문턱에 가 있었습니다. 헤어튼은 아가씨를 따라가려고도 하지 않고 길 옆으로 비켜 서더니 어디론가 가 버렸습니다.

"히스클리프 씨, 도대체 무슨 속셈이죠?"

"사촌 남매가 서로 사랑하여 결혼하도록 하는 거야. 그렇게 되면 린튼 가도 내 아들 것이 되지."

히스클리프가 말했습니다.

"혹시 린튼 도련님이 죽는다면 캐시 아가씨가 상속인이 되겠지요."

"아니, 그렇지 않아. 유언에는 그런 조항이 없네. 그러니 그 아이의 재산은 자연히 내 것이 되지."

"하지만 저는 다시는 아가씨와 함께 댁의 문 앞에서 얼씬거리지 않을 겁니다."

그 집 문 앞에 이르렀을 때 제가 대꾸했습니다.

캐시 아가씨는 거기서 우리를 기다리고 있었습니다. 히스클리프는 저에게 가만히 있으라고 했습니다. 그리고 앞장서서 집으로 올라가더니, 문을 열었습니다.

아가씨는 히스클리프를 어떻게 생각해야 할지 모르겠다는 듯 몇 번이나 그를 바라보았습니다. 그는 아가씨와 눈이 마주치자 미소를 지었고, 말을 거는 목소리는 부드러웠습니다.

린튼은 난로 앞에 서 있더군요. 모자를 쓰고 있는 것을 보니 산책을 하고 온 모양으로, 조지프에게 마른 신발을 가져오라고 고함치고 있는 중이었습니다. 열여섯 살이 되려면 아직 몇 달이 모자라지만 나이에 비해 키가 크더군요. 얼굴은 전과 다름없이 잘생겼고, 눈빛과 안색은 제가 염려했던 것보다도 훨씬 밝아졌더군요.

"자아, 저 애가 누군지 알아보겠니?"

히스클리프가 캐시 아가씨에게 물었습니다.

"당신 아드님인가요?"

캐시가 믿을 수 없다는 표정으로 두 사람을 번갈아 쳐다보면서 말했습니다.

"맞다. 그런데 저 애를 만나는 게 처음이냐? 잘 생각해 봐! 이런! 기억력이 나쁘군. 린튼, 너는 그토록 만나고 싶다고 졸라 대던 네 사촌을 못 알아보겠니?"

"뭐, 린튼이라고! 저 애가 린튼이에요? 나보다 키가 더 크군요! 네가 진짜 린튼이니?"

아가씨는 그 이름을 듣고 기쁨과 놀라움이 가득한 표정으로 크게 외쳤습니다.

소년은 앞으로 나서며 고개를 끄덕이더군요. 아가씨는 그에게 열정적으로 키스했습니다. 그러고 나서 두 사람은 서로를 뚫어지게 바라보았습니다.

사촌과 다정한 말을 주고받은 뒤, 캐시 아가씨는 히스클리프에게 다가갔습니다. 그는 문간에 서서 집 안과 밖에 세심하게 주의를 기울이고 있었는데, 겉으로는 문 밖을 보고 있는 것처럼 보였지만 실은 안쪽을 살피고 있었습니다.

"그러면 당신은 고모부가 되시네요! 처음에는 좀 무서웠지만 이젠 좋아졌어요. 왜 린튼과 함께 우리 집에 놀러 오지 않으세요? 이렇게 가까운 곳에 살면서 오랫동안 우리와 만나지 않았다니, 이상해요. 왜 그러셨지요?"

캐시 아가씨가 물었습니다.

"네가 태어나기 전에는 지나치게 자주 방문했었지."

"넬리는 나빠! 나를 못 들어오게 막으려고 하다니! 하지만 앞으로 매일 아침 이 곳에 올 테야. 그래도 괜찮지요, 고모부? 그리고 가끔 아빠도 모시고 올 테야. 고모부는 우리가 오면 반가워하시겠지요?"

"암, 그렇고말고! 하지만 말이 나왔으니 네게 일러두는 게 좋겠구나. 너의 아버지는 내게 나쁜 감정을 갖고 계시단다. 우리는 전에 심하게 싸운 적이 있었거든. 그래서 네가 이 집으로 사촌을 만나러 온다고 하면 네 아버지는 절대 반대하실 거야. 그러니 아버지께 그런 말씀을 드리면 못써. 앞으로 사촌을 만날 마음이 없다면 별문제다만……."

히스클리프의 말에 아가씨는 풀이 죽어서 물었습니다.

"두 분은 왜 싸우셨어요?"

"너의 아버지는 내가 너무 가난해서 네 고모의 남편감이 될 수 없다고 반대했었거든. 그런데 내가 우겨서 고모와 결혼하자 서운하게 생각했지. 자존심이 상했던 거야. 그리고 여태 그 일을 용서하지 않는 거란다."

"그건 잘못이에요! 언제고 내가 아빠께 말씀드리겠어요. 그렇지만 린튼과 나는 두 분의 싸움과 아무 관계도 없어요. 그럼 내가 이리 올 게 아니라, 린튼이 우리 집으로 오면 되겠네요."

아가씨가 말했습니다.

"나는 너무 멀어서 갈 수 없어. 캐시, 그러지 말고 네가 가끔 와 줘. 아침마다는 아니더라도 일주일에 한두 번씩."

린튼이 중얼거리듯 말했습니다.

히스클리프는 아들에게 쓰디쓴 멸시의 눈초리를 보냈습니다.

"린튼, 네 사촌에게 보여 줄 것이 없을까? 하다못해 토끼나 족제비 집이라도 보여 주렴. 신발을 갈아 신기 전에 마당으로라도 데리고 나가 마구간에 가서 말이라도 보여 주라구."

"여기 있는 게 더 좋지 않을까?"

린튼이 아가씨에게 말했습니다. 다시 나가고 싶지 않은 듯한 말투였습니다.

"글쎄."

아가씨가 서운한 표정으로 문 쪽을 바라보며 대답했습니다. 분명 돌아다니고 싶은 눈치였습니다.

린튼은 자리에 앉은 채 불 쪽으로 몸을 더 가까이했습니다. 히스클리프는 일어나서 부엌으로 들어가더니, 다시 뒷마당으로 나가 헤어튼을 불렀습니다. 헤어튼의 대답이 들리고 곧 들어왔습니다. 헤어튼은 세수를 했는지 뺨과 머리카락에 물이 묻어 있었습니다.

"참, 여쭤 볼 말이 있어요, 고모부. 저 사람은 내 사촌이 아니지요?"

캐시 아가씨가 큰 소리로 물었습니다.

"사촌이란다. 네 엄마의 조카지. 왜 싫으냐?"

그러자 캐시는 묘한 표정을 지었습니다.

"헤어튼, 캐시와 함께 농장을 한 바퀴 돌고 와라. 점잖게 행동해야 한다. 알았지?"

두 사람이 창문 곁을 지나는 것을 보며 히스클리프가 말했습니다.

"나는 저놈을 보면 흐뭇해! 내 기대에 어긋나지 않았거든. 만약 저 녀석이 타고난 바보였다면 나는 이렇게 큰 즐거움을 느끼지 못했을 거야. 매우 좋은 소질을 지니고 있지만, 내가 짓밟아 버렸지. 전에 힌들리가 내게 그랬던 것처럼. 그런데 무엇보다도 유감스러운 것은 헤어튼이 나를 좋아한다는 사실이야!"

히스클리프는 악마처럼 낄낄거렸습니다.

우리는 오후까지 워더링 하이츠에 머물렀습니다. 그 전에는 아가씨를 데리고 나올 수 없었기 때문이었지요. 그러나 다행히도 서방님은 서재에서 나오지 않았으므로, 우리가 오랫동안 집을 비운 사실을 모르고 있었습니다.

다음 날, 캐시는 어제 있었던 일을 에드거 서방님에게 그대로 다 이야기했습니다. 서방님은 저에게 몇 번 나무라는 눈초리를 던졌으나, 끝까지 아무 말도 안했습니다. 그리고는 따님을 끌어안고 린튼이 가까이 산다는 것을 숨긴 이유를 아느냐고 물었습니다. 그리고 해로울 일이 전혀 없는데 왜 만나 보지 못하게 막았다고 생각하느냐고 물었습니다.

"그건 아빠가 히스클리프 씨를 싫어하시기 때문이겠지요."

아가씨가 대답했습니다.

"그렇지 않아. 그건 아빠가 히스클리프 씨를 싫어해서가 아니라 그가 나를 싫어하기 때문이야. 그리고 그 사람은 대단히 나쁜 사람이라서, 기회만 있으면 자기가 미워하는 사람을 괴롭히고 파멸시키는 걸 재미있게 생각한단다."

아무리 설명해도 아가씨는 그 말을 믿으려 하지 않았습니다.

서방님은 하는 수 없이 이제까지의 일을 간단히 들려 주었습니다.

"이제 아빠가 왜 히스클리프의 집에 가는 것과 그 가족을 만나는 것을 꺼리는지 알겠지? 자, 다시 전처럼 공부도 하고 놀이도 하면서 그 사람들에 대해선 더 이상 생각하지 말아라."

캐시 아가씨는 아버지에게 키스하고 조용히 앉아 일과대로 두어 시간 공부를 했습니다. 그런 다음, 아버지를 따라 뜰로 나가 여느 때처럼 그날 하루를 보냈습니다. 그러나 밤에 침실로 돌아간 후에 제가 옷을 갈아입히려고 올라갔더니, 침대 옆에 무릎을 꿇고 앉아 울고 있더군요.

"아가씨, 왜 우는 거죠?"

"린튼이 가엾어서 우는 거야. 그 앤 내게 내일 다시 만나자고 했었는데, 매우 실망했을 거야. 그는 나를 기다리지만 난 갈 수가 없으니!"

"그 사람에게는 헤어튼이라는 친구가 있어요. 린튼 도련님도 대강 사정을 짐작하고, 더 이상 아가씨에게 신경 쓰지 않을 거예요."

"내가 갈 수 없는 이유를 알리는 편지라도 한 장 쓰면 안 될까?"

아가씨가 일어서면서 물었습니다.

"안 돼요. 절대로 안 돼요! 그렇게 되면 도련님은 아가씨에게 답장을 쓸 테고, 그러다 보면 끝이 없어요. 안 돼요, 아가씨. 교제를 완전히 끊어야 해요. 아버지도 그러기를 원하시고, 내 의견도 마찬가지예요."

저는 딱 잘라 말했습니다.

"하지만 짧은 편지 한 장쯤……."

아가씨가 애원하는 표정으로 졸랐습니다.

"그 이야기는 이제 그만하고, 잠이나 자세요."

아가씨는 매우 심통스러운 눈초리를 저에게 던졌습니다. 어찌나 밉살스러운지 처음에는 키스도 해 줄 마음이 나질 않더군요. 그래서 몹시 언짢은 얼굴로 이불을 덮어 준 다음 문을 닫고 나왔는데, 도중에 안됐다 싶어 살며시 다시 들어갔습니다. 그랬더니 이게 웬일입니까! 아가씨는 백지 한 장을 앞에 놓고 손에는 연필을 쥔 채 탁자 앞에 앉았다가, 제가 들어가자 죄라도 지은 듯이 그것들을 감추는 게 아니겠어요?

"아가씨, 편지를 쓴다 해도 전해 줄 사람이 없을 테니, 이제 촛불을 끄겠어요."

제가 촛불 위에 덮개를 씌우려 하자, 아가씨는 제 손을 찰싹 때리며 토라져서 '심술쟁이!' 하고 소리쳤습니다. 불을 끄고 제가 다시 방에서 나오니까, 아가씨는 몹시 화를 내면서 문을 걸었습니다.

결국 그 편지는 마을에서 오는 우유 배달부의 손을 통해 린튼에게 전달되었고, 저는 한참 뒤에야 그 사실을 알았습니다.

몇 주일이 지나고 캐시 아가씨의 기분도 풀렸습니다. 그러나 아가씨는 혼자서 살그머니 구석을 찾아가는 것을 몹시 즐기게 되었습니다. 독서를 하고 있을 때 제가 갑자기 다가가면 깜짝 놀라면서 분명히 무엇인가를 감추려고 책 위에 엎드리기 일쑤였는데, 그 때 종이 쪽지가 책장 사이로 삐죽이 보이곤 했습니다. 또한 아침 일찍 내려와서 무엇인가를 기다리는 것처럼 부엌에서 서성거리는 버릇이 생겼습니다.

아가씨는 서재에 있는 장롱의 작은 서랍을 쓰고 있었는데, 그 속을 몇 시간이고 들여다보다가 자리를 뜰 때면 각별히 조심해서 자물쇠를 잠그는 것이었습니다.

하루는 아가씨가 그 서랍을 뒤적거리고 있는 것을 보니까, 지금까지 그 속에 들어 있던 장난감과 장신구 등이 없어지고 대신 차곡차곡 접은 종이 쪽지가 들어 있었습니다. 부쩍 호기심과 의심이 일어나, 저는 그 서랍을 엿보기로 결심했습니다.

밤에 아가씨와 서방님이 침실로 올라간 후, 열쇠꾸러미 속에서 서랍의 자물쇠에 맞는 열쇠를 찾아 냈습니다. 서랍을 열고 그 속에 있는 것을 전부 앞치마에 쏟은 다음, 제 방에서 자세하게 조사해 보려고 가지고 나왔습니다.

이미 짐작은 하고 있었지만, 그것이 린튼 히스클리프에게서 온 편지

뭉치라는 것을 알고 저는 몹시 놀랐습니다. 거의 매일같이 온 것이 틀림없었습니다. 캐시 아가씨가 보낸 편지에 대한 답장이었겠지요. 처음 것들은 서투르고 짤막했지만, 점차 긴 연애 편지로 바뀌었습니다. 물론 쓴 사람의 나이에 걸맞게 유치하기는 했으나, 여기저기 어른의 손을 빌린 듯한 부분도 있었습니다. 저는 그것들을 손수건에 싸서 치워 버리고 빈 서랍을 다시 잠가 놓았습니다.

다음 날, 편지가 없어진 것을 안 아가씨는 얼굴이 새파랗게 질려 버렸습니다.

"어머나!"

아가씨가 소리치자, 서방님이 아가씨를 쳐다보며 물었습니다.

"얘야, 무슨 일이냐? 어디 다치기라도 했니?"

"아무것도 아니에요, 아빠. 넬리! 나를 이층으로 좀 데려다 줘. 어쩐지 기분이 안 좋아!"

저는 하자는 대로 아가씨를 따라 이층으로 올라갔습니다.

"넬리! 넬리가 꺼냈지?"

아가씨는 침실에 우리 둘만이 있게 되자 문을 닫은 다음 무릎을 꿇고 입을 열었습니다.

"편지는 돌려 줘, 그러면 다시는 그런 짓 안 할게! 아빠에게는 말하지 않았지?"

"아가씨는 꽤 깊이 빠진 것 같더군요. 부끄러운 줄 아셔야지요! 그걸 아버지께 보여 드리면 어떻게 생각하실 것 같아요? 아직 보여 드리지는 않았지만, 내가 아가씨의 어리석은 비밀을 지켜 드리리라 생각하시면 곤란해요. 이런 건 당장 태워 버려야 해요."

제가 부젓가락으로 난로 안에 태울 자리를 마련하고 있으려니까, 아가씨는 그 사실이 견디기 어렵도록 고통스러웠나 봅니다. 그 중 한두

통만 남겨 달라고 애원했습니다.

"넬리, 린튼을 위해서 제발 한두 통만 남겨 줘!"

"좋아요. 그럼 나도 서방님께 보여 드릴 것을 조금 남겨 두겠어요."

그리고 저는 나머지를 한데 묶어 가지고 다시 문 쪽으로 걸어갔습니다. 아가씨는 집어 들었던 타다 남은 편지를 불 속에 던지고, 나머지도 마저 넣으라는 손짓을 했습니다.

편지를 다 태우고 난 저는 재를 긁어모으고 그 위에 석탄을 한 삽 얹어 놓았습니다. 아가씨는 몹시 상심하여 힘없이 자기 방으로 들어가 버렸습니다.

다음 날 아침, 저는 종이 쪽지에 다음과 같이 답장을 써서 우유를 배달하는 소년에게 주었습니다.

'아가씨는 이제 편지를 받지 않을 것이니, 앞으로 히스클리프 도련님도 아가씨께 편지를 보내지 마시기 바랍니다.'

그 후로 우유를 가져오는 어린 소년은 빈 주머니로 왔습니다.

불안한 산책

여름이 지나고 가을이 되었습니다.

서방님과 아가씨는 추수하는 사람들 사이에 끼여 산책을 하곤 했는데, 마지막 곡식단을 거두어들이던 날은 해가 질 때까지 밭에 나가 있었습니다. 그날 따라 공기가 차고 습하여 서방님은 독감에 걸렸는데, 그것이 그만 고질인 폐병이 되어 겨우내 거의 문밖 출입을 못하고 집 안에만 있었습니다.

불쌍한 캐시 아가씨는 그 보잘것없는 연애 편지 사건 이후로 기가 죽어 말수가 적어지고 몹시 우울해 보였습니다. 아가씨 모습이 측은해 보였던지 서방님은 너무 책만 읽지 말고 운동을 많이 하라고 일렀습니다.

10월인가 11월 초의 어느 날 오후였습니다. 그 날은 비가 내리고 서늘해서 잔디밭과 오솔길에는 젖은 가랑잎이 뒹굴고, 서쪽에서는 큰비를 알리는 검은 구름이 밀려오고 있었습니다.

저는 아가씨에게 그 날의 산책을 그만두라고 했습니다. 그러나 아가씨는 막무가내로 제 말을 듣지 않았습니다. 저는 어쩔 수 없이 외투를 입고 우산을 들고 숲 끝까지 아가씨를 따라 산책을 나갔습니다.

아가씨는 우울한 표정으로 걷고만 있었습니다. 쌀쌀한 바람 속을 달리고 싶은 마음이 생길 듯도 했지만 그러지도 않았습니다. 아가씨가 가끔 손을 들어 뺨에 흐르는 눈물을 훔치는 것을 곁눈으로 본 저는, 아가씨의 마음을 돌릴 만한 것이 없는지 살펴보았습니다.

길 한쪽은 높고 험한 언덕이었는데, 거기엔 개암나무와 제대로 자라지 못한 참나무가 뿌리를 반쯤 드러낸 채 불안하게 서 있었습니다. 참나무가 뿌리를 뻗기에는 땅이 너무 무른데다가 바람이 세어서, 어떤 것은 거의 땅 위에 드러눕다시피 하고 있었습니다.

저는 뒤틀린 나무의 뿌리 아래를 가리키며 소리쳤습니다.

"저쪽을 보세요, 아가씨! 저건 7월에 피었던 초롱꽃이 다 시든 후 마지막으로 핀 거예요. 꺾어다가 아버지께 보여 드리지 않을래요?"

캐시 아가씨는 땅 속의 피난처에서 떨고 있는 외로운 꽃을 오랫동안 바라보더니 마침내 이렇게 말했습니다.

"아니야, 난 꺾지 않을래. 저 꽃이 슬퍼 보이지, 넬리?"

"그래요. 꼭 아가씨처럼 생기가 없고 기운이 없어 보여요. 아가씨 뺨에는 핏기가 하나도 없네요. 우리 손을 잡고 뛰어가요. 아가씨가 기운이 없으니까 나도 아가씨를 따라 뛸 수 있을 거예요."

"싫어."

아가씨는 고개를 저으며 계속 걸었습니다.

저는 다가가서 아가씨의 어깨에 팔을 얹었습니다.

"아가씨, 왜 울어요? 아버지는 감기가 드셨을 뿐인데, 우시면 안 돼요. 그보다 더한 병이 아닌 걸 다행으로 생각하세요."

그러자 아가씨는 더 이상 참지 못하고 울음을 터뜨렸습니다. 숨이 막힐 지경으로 흐느껴 울면서 말했습니다.

"하지만 더 나빠질지 누가 알아. 아빠와 넬리가 죽고 나 혼자 남으면 어쩌지?"

"불길한 일을 미리 생각하는 것은 좋지 않아요. 우리는 모두가 오래오래 살기를 원해요. 서방님은 아직 젊으시고, 나도 이렇게 튼튼하고 겨우 마흔다섯이에요. 20여 년 후에 올 재난을 미리부터 걱정한다는 것은 바보 같은 짓 아니겠어요?"

우리는 길 쪽으로 향한 문 근처에 이르렀습니다. 다시 명랑해진 아가씨는 담 꼭대기로 기어올라가 앉아 한길 쪽으로 그늘을 드리우고 있는 들장미 덩굴 끝에 달려 있는 빨간 열매를 따려고 손을 뻗었습니다. 아랫가지에 열린 열매는 없어졌으나, 윗가지의 열매는 캐시 아가씨가 있는 곳에서가 아니면 나는 새만이 쫄 수 있는 위치였습니다.

열매를 따려고 손을 뻗다가 아가씨의 모자가 떨어졌습니다. 문이 닫혀 있었으므로, 아가씨는 모자를 집으러 담 너머로 내려가겠다고 했습니다. 떨어지지 않도록 조심하라고 이르는 순간, 아가씨는 재빠르게 담 밑으로 뛰어내렸습니다.

그러나 다시 올라오기란 쉬운 일이 아니었습니다. 돌은 미끄러운데다가 보기 좋게 석회칠이 되어 있었고, 장미 덩굴과 검은딸기 가지가 올라오는 길을 방해하고 있었으니까요.

"넬리, 가서 열쇠를 가져와야겠어. 안 그러면 내가 문지기의 집까지 뛰어갔다 와야 해. 이쪽에서는 돌담을 기어오를 수가 없거든."

"거기 그대로 계세요. 여기 열쇠꾸러미가 있으니까, 어떻게 열어 보도록 하지요. 안 되면 다녀올게요."

아가씨가 문 앞에서 왔다 갔다 하며 춤을 추고 노는 동안, 저는 커다란 열쇠를 차례로 모두 시험해 보았지만 맞는 것이 없었습니다.

그래서 아가씨에게 그 자리에 있으라고 신신당부하고 서둘러 집으로 달려가려는데, 무엇인지 가까이 다가오는 소리가 들렸습니다. 그것은 말발굽 소리였는데, 순간 캐시 아가씨도 춤을 멈추었습니다.

"넬리, 문이 빨리 열렸으면 좋겠는데."

아가씨가 불안한 듯 소곤거렸습니다.

그때 말을 탄 사람의 굵은 목소리가 들려왔습니다.

"허어, 아가씨로군! 만나서 반갑군. 서둘러 돌아가려고 하지 마. 내가 좀 물어볼 말이 있으니까."

그는 히스클리프였습니다.

"히스클리프 씨, 나는 당신과 말을 하지 않겠어요. 아빠 말씀이 당신은 나쁜 사람이래요. 그리고 당신은 아빠와 나를 미워한대요. 넬리도 그런 말을 했어요."

"지금은 그런 게 문제가 아니야. 내 아들에 대해서 너에게 물어볼 말이 있어. 그렇지, 너는 얼굴을 붉힐 만한 이유가 있지. 2, 3개월 전, 너는 장난삼아 린튼에게 연애 편지를 매일 써 보내지 않았니? 네 편지를 내가 가지고 있으니 내게 버릇없이 굴면 그걸 네 아버지에게 보낼 거야. 내 아들은 너의 변심 때문에 가슴이 찢어질 지경이야. 네가 살려 주지 않으면 그 아이는 여름이 되기 전에 죽고 말 거야!"

"어쩌면 가엾은 아가씨에게 그렇게 뻔뻔스러운 거짓말을 하지요?"

제가 담 안쪽에서 소리쳤습니다.

그러자 히스클리프가 말했습니다.

"남의 말을 엿듣는 사람이 있다는 건 몰랐군. 자네야말로 어째서 그렇게 새빨간 거짓말을 해서 내가 이 '가엾은 아가씨'를 미워한다고 믿게 하고, 터무니없는 이야기를 꾸며 내어 아가씨가 겁을 먹고 우리 집에 얼씬도 안하게 만드는 건가? 귀여운 아가씨, 나는 이번 주일 내내 집에 없을 거야. 그러니 와서 내 말이 거짓말인가 아닌가 확인해 봐! 맹세코 말하지만, 녀석은 정말 다 죽게 되었는데, 그를 구할 사람은 너밖에 없어!"

자물쇠가 겨우 부서져 저는 밖으로 뛰어나갔습니다.

"이쪽으로 와요!"

저는 아가씨의 팔을 잡고 억지로 끌어들였습니다.

히스클리프는 말을 가까이 몰고 와서 허리를 구부리며 말했습니다.

"캐서린, 솔직히 말해서 나는 린튼에게 별로 너그럽지 못해. 헤어튼과 조지프는 나보다 더하지. 사실 그 아이는 매정한 사람들 속에서 살고 있는 셈이야. 그는 친절과 사랑을 갈망하고 있어. 그 앤 밤낮으로 너만 생각하고 있단다. 네가 그 녀석을 싫어해서 그러는 게 아니라고 아무리 얘기해도 곧이듣질 않아."

저는 문을 닫고 돌을 굴려다가 자물쇠가 망가져 헐거워진 문에 기대 놓았습니다. 그리고 우산을 펴고 캐시 아가씨를 우산 밑으로 끌어들였습니다.

집으로 오는 동안 급히 걷느라고 히스클리프와 만난 일에 대해 이야기할 틈이 없었지만, 저는 직감적으로 캐시의 마음이 흔들리고 있다는 사실을 알았습니다.

에드거 서방님은 우리가 돌아오기 전에 이미 침실에 들었더군요. 아가씨는 아버지를 만나기 위해서 침실로 살그머니 올라갔으나, 벌써 잠이 드셨다면서 이내 내려왔습니다. 아가씨는 저에게 서재에 함께 앉아 있어 달라고 했습니다. 저는 책을 들고 읽는 척했습니다. 제가 독서에 열중하고 있다고 생각한 아가씨는 소리 없이 울기 시작했습니다.

저는 한동안 실컷 울게 내버려 두었다가, 히스클리프가 자기 아들에 대해서 늘어놓은 말을 모두 비웃고 조롱했습니다.

"넬리 말이 맞을지도 몰라요. 하지만 사실을 확인하기 전에는 내 마음이 편치 않을 거야."

다음 날, 저는 고집쟁이 아가씨의 망아지를 따라 워더링 하이츠로 향했습니다. 슬퍼하는 아가씨의 모습을 차마 보고만 있을 수 없었고, 그 창백하고 기죽은 얼굴과 우울한 눈을 마주 볼 수가 없어 그 고집에 지고 말았던 것이죠.

우리는 히스클리프가 집에 있는지 알아보기 위해 부엌문으로 들어갔습니다. 조지프 혼자 이글거리는 난롯가에 앉아 있었습니다.

저는 주인이 집에 계시냐고 물었습니다. 그런데 한참 동안 대답이 없기에 저는 이 영감이 그 동안 귀가 먹었나 싶어 큰 소리로 다시 물었습니다.

"아, 안 계신데!"

그가 이상한 콧소리를 내면서 말했습니다. 그 때 안쪽에서 신경질적인 목소리가 들려왔습니다.

"조지프! 도대체 몇 번을 불러야겠나? 이젠 불이 다 꺼져 간단 말이야. 빨리 이리 좀 와."

우리는 그 목소리의 주인이 린튼이라는 것을 알았으므로, 그 방으로 갔습니다. 소년은 우리의 발소리를 게으른 하인의 것으로 착각하고 욕을 퍼부었습니다. 아가씨가 그에게로 뛰어갔습니다.

린튼은 큰 의자의 팔걸이에 기대고 있던 머리를 들었습니다.

"캐시! 진짜였구나! 네가 올 거라고 아빠가 말하더니."

"내가 와서 좋으니? 내가 무슨 도움이 되겠어?"

"물을 좀 마시고 싶은데. 아빠가 안 계시면 질라는 노상 기머튼에 가서 산다니까."

린튼이 짜증스럽게 말했습니다.

캐시는 그릇장 위에 있는 물주전자에서 물을 한 컵 따라 가져왔습니다. 린튼은 식탁 위에 있는 술병의 포도주를 물에 한 숟가락 타 달래서 마시더니, 좀 진정된 듯 아가씨에게 고맙다고 말했습니다.

"그래, 내가 와서 좋으니?"

아가씨는 아까 물었던 말을 되풀이하고, 린튼의 얼굴에 엷은 미소가 떠오르는 것을 보자 기뻐했습니다.

"그럼, 좋고말고. 네 다정한 목소리를 들으니, 기분이 무척 좋아졌어! 하지만 그 동안 네가 오지 않아서 괴로웠단 말이야. 아빠는 그것이 내 탓이라고 야단쳤지. 나더러 불쌍하고 멋없고 쓸모없는 놈이라면서, 네가 나를 멸시하고 있을 거래."

"너를 멸시한다고? 천만에! 아빠와 넬리 다음으로는 그 누구보다도 너를 좋아해. 하지만 너의 아빠는 싫어. 그분이 돌아오면 나는 못 올 거야."

"아빠가 안 계실 때 한두 시간은 나와 함께 지낼 수 있지? 그러겠다고 대답해 줘."

"아빠가 허락만 하신다면 매일 반나절씩이라도 너와 같이 보내겠어."

캐시는 그의 길고 부드러운 머리카락을 쓰다듬으며 말했습니다.

"아가씨, 내일 또 오면 안 돼요. 명심하세요!"

그 집에서 나오자마자 제가 말했습니다.

아가씨는 미소를 지었습니다.

"단단히 조심해서 단속해야겠군요. 망가진 자물쇠를 고쳐야겠어요. 그래야 아가씨가 빠져 나가지 못하지."

"담을 뛰어넘을 수도 있어."

캐시 아가씨가 웃으며 말했습니다.

우리는 점심 식사 전에 집에 도착했습니다. 에드거 서방님은 우리가 숲을 산책하고 온 줄 아는지 어디 갔었느냐고 묻지도 않았습니다.

집에 들어서자 저는 곧 젖은 신발과 양말을 갈아 신었지만, 젖은 채로 오래도록 워더링 하이츠에 앉아 있었던 것이 탈이었습니다. 다음 날 아침, 저는 자리에서 일어날 수가 없었습니다.

캐시는 천사처럼 간호하며 저의 괴로움을 달래 주었습니다.

캐시는 저와 서방님을 간호하느라 바쁘게 지냈습니다. 아가씨의 하루를 서방님과 제가 반씩 나누어 가진 셈이었습니다.

3주일이 지나서야 저는 방에서 나와 몸을 움직일 수 있었습니다. 겨우 일어나 앉을 수 있게 된 날 저녁, 저는 눈이 나빠졌기 때문에 아가씨에게 책을 읽어 달라고 부탁했습니다. 서방님은 잠자리에 들고, 우리는 서재에 앉아 있었습니다.

아가씨는 자기가 즐겨 읽는 책을 골라서 읽어 주더니, 한 시간 가량이 지나자 자꾸만 이렇게 묻는 것이었습니다.

"넬리, 피곤하지 않아? 이제 그만 쉬는 게 좋지 않겠어?"

"아니, 괜찮아요, 아가씨. 아직 피곤하지 않아요."

캐시는 8시까지 한숨을 쉬고 시계를 보곤 하더니, 마침내 자기 방으로 가 버렸습니다.

아가씨는 다음 날 밤엔 더욱더 불안해하는 것 같더니, 사흘째 되던 날은 머리가 아프다면서 저를 두고 나가 버렸습니다.

아가씨의 행동이 아무래도 수상했습니다. 이층에 올라가 보니, 아니나다를까 아가씨는 방에 없었습니다.

저는 아가씨의 방으로 들어가서 촛불을 끄고 창가에 앉았습니다. 달빛이 환하고, 땅 위에는 하얀 눈이 덮여 있었습니다.

얼마 후, 담 안쪽으로 사람의 그림자 하나가 걸어가는 것이 보였습니다. 달빛에 비친 모습을 보니, 아가씨가 아니라 마부 소년이었습니다. 그는 한동안 뜰 한가운데로 난 마찻길을 바라보고 서 있더니, 무엇을 발견한 듯 서둘러 걸어갔다가 곧 다시 아가씨의 망아지를 데리고 나타났습니다. 그 옆에는 방금 말에서 내린 아가씨가 있었습니다.

방으로 들어온 캐시는 저를 보자 흠칫 놀랐습니다.

그 동안 누워 있는 제게 베푼 호의가 너무나 고마웠던 터라 아가씨에게 차마 화를 낼 수는 없었습니다.

"이렇게 늦은 시간에 말을 몰고 어딜 갔다 오세요?"

아가씨는 달려와서 눈물을 흘리며 제 목을 껴안았습니다.

"넬리, 나는 넬리가 화낼까 봐 무서웠어. 제발 화내지 말아 줘. 그러면 숨김없이 전부 얘기할게."

우리는 창가에 앉았습니다. 아가씨의 비밀이 무엇이든 화내지 않겠다고 말했더니, 아가씨는 이야기를 시작했습니다. 저는 물론 그 비밀이 무엇인가 대강은 알고 있었죠.

"넬리, 나는 워더링 하이츠에 다녀왔어. 넬리가 몸져누운 후로, 완쾌하기 전 사흘과 그 후의 이틀을 빼고는 거의 매일 갔었어. 아빠에게 말하지 않는다면, 내가 거기 가는 것은 그 누구의 평화도 깨뜨리는 일이 아니잖아. 말하지 않겠지, 넬리? 만약 말한다면 넬리는 정말 나쁜 사람이야!"

"아가씨, 그 일에 관해서는 내일까지 결정을 내리겠어요. 좀 생각해 볼 필요가 있는 문제니까요. 그러니 아가씨는 쉬세요. 나는 내 방에 가서 다시 생각해 보아야 하니까요."

하지만 저는 아가씨의 방에서 나오는 길로 서방님에게 가서, 내가 들은 바를 자세하게 전했습니다. 서방님은 몹시 놀라고 불안해했습니다.

아침이 되자, 캐시 아가씨는 제가 약속을 지키지 않은 것을 알았고, 비밀의 방문도 끝장이 났다는 것을 깨달았습니다.

아가씨는 울며불며 금지령에 항의하면서 린튼을 가엾게 생각해야 한다고 간청했지만 소용 없었습니다. 다만 서방님은 린튼이 원한다면 드러시크로스 저택에 와도 좋다는 편지를 띄우겠다고 약속했습니다. 그러나 더 이상 워더링 하이츠에서 아가씨를 만날 생각은 하지 말라는 말도 함께 적어 보내겠다고 했습니다.

음 모

봄이 무르익어 갔습니다. 에드거 서방님은 다시 따님과 함께 뜰을 산책할 정도는 되었지만, 건강을 완전히 회복하지는 못했습니다.

서방님은 이따금 창가에 앉아 멍하니 기머튼 묘지의 전나무를 바라보곤 했는데, 아마 캐시의 앞날을 생각하며 근심에 잠겨 있었을 것입니다.

마침내 서방님은 린튼에게 만나고 싶으니 와 달라는 편지를 보냈고, 얼마 후 답장이 왔습니다.

아버지는 제가 그 댁에 가는 것을 허락하지 않아요. 그러니 외삼촌이 캐시를 데리고 워더링 하이츠로 와 주세요. 우리는 이렇게 헤어져 있어야 할 만한 죄를 짓지 않았습니다. 그리고 외삼촌께서는 저에게 화를 내고 계신 것도 아니고, 또 저를 싫어하실 이유도 없잖습니까.

그리운 외삼촌! 내일 편지를 보내 주셔서, 드러시크로스 저택 이외의 곳이라면 어디고 원하시는 곳에서 만나 뵙게 해 주십시오. 만나 보시면 저의 성격이 아버지와 다르다는 것을 아시게 될 것입니다. 아버지는 제게 아버지의 아들이라기보다는 오히려 외삼촌의 조카라고 말씀하십니다. 제게는 캐시와 어울리지 못할 여러 가지 결점이 있지만, 캐시는 그것을 받아들였습니다. 그러니 캐시를 위해서라도 외삼촌께서 너그러이 용서해 주시기 바랍니다.

저의 건강이 어떠냐고 하셨는데, 많이 좋아졌습니다. 그러나 모든 희망이 끊긴 채 외로움에 묻혀, 전에도 그랬고 또한 앞으로도 저를 좋아할 리가 없는 사람들과 함께 살면서 제가 어떻게 명랑하고 건강해질 수 있겠습니까?

서방님은 소년을 가엾게 생각했지만, 그 요구를 들어줄 수는 없었습니다. 건강이 좋지 않아 캐시 아가씨를 데리고 나설 수 없었으니까요.

이윽고 서방님은 일주일에 한 번쯤 저의 감독하에 드러시크로스 저택 가까운 벌판에서 아가씨와 도련님이 함께 말을 타거나 산책하는 것을 허락했습니다.

서방님이 어쩔 수 없이 두 사람의 간청을 받아들여 처음으로 캐시 아가씨와 제가 린튼을 만나기 위해 말을 몰고 나선 것은 여름도 한고비 지났을 때였습니다.

하늘에는 구름이 끼어 햇볕이 내리쬐지는 않았으나 아지랑이가 어른거리는, 찌는 듯 무더운 날씨였습니다. 비가 올 것 같지는 않았습니다. 우리가 만나기로 한 곳은 사거리의 이정표로 정해져 있었습니다. 그러나 그곳에 도착해 보니, 린튼은 보이지 않고 심부름을 나온 어린 목동이 이렇게 말했습니다.

"린튼 도련님은 워더링 하이츠 부근에 계신데, 조금만 더 그쪽으로 와 주시면 대단히 감사하겠다고 하십니다."

"그렇다면 도련님은 외삼촌이 첫 번째로 주의시킨 것을 잊으셨군요. 그분은 드러시크로스 저택의 땅을 벗어나지 말라고 저에게 말씀하셨는데, 여기서 한 발짝만 움직여도 경계를 벗어나게 되지요."

"그러면 린튼이 있는 곳까지 갔다가 말머리를 돌리기로 하지. 우리 집 쪽으로 산책하면 되잖아."

아가씨 말대로 린튼이 있는 곳에 도착해 보니, 그 곳은 그의 집에서 겨우 400미터 정도 떨어진 곳이었습니다.

린튼은 히스가 우거진 풀밭에 누워 우리를 기다리고 있었는데, 우리가 가까운 곳까지 다가가도 일어나지 않았습니다. 그러다가 겨우 일어섰는데, 걷는 모습이 어찌나 불안하고 안색이 창백해 보이는지 저는 대뜸 소리쳤습니다.

"저런, 도련님! 오늘 아침에는 산책을 하시면 안 되겠어요. 안색이 매우 좋지 않아요!"

캐시 아가씨는 놀란 표정으로 사촌을 쳐다보았습니다. 입 밖으로 나오려던 기쁨의 환성이 한숨으로 변하고, 오랜만의 재회를 기뻐하기 위한 말이 건강이 전보다 더 나빠진 것 같다는 불안한 위로의 말로 바뀌었습니다.

"아니, 괜찮아. 좋아졌어!"

린튼은 캐시 아가씨의 손을 붙잡고 숨을 가쁘게 몰아쉬면서 말했습니다. 그리고 그 크고 푸른 눈으로 아가씨를 물끄러미 바라보았습니다. 눈 언저리가 움푹 패어, 전에는 맥없이 보이던 표정이 이제는 날카롭고 사나워 보였습니다.

"아냐, 그렇지 않아. 넌 더 나빠졌어. 저번에 만났을 때보다 더 나빠졌다니까. 더 마르고……."

캐시 아가씨가 우겼습니다.

린튼은 재빨리 말을 막았습니다.

"나는 피곤해. 날씨가 너무 더워서 걷기가 힘들어. 여기서 쉬자. 그리고 아침에는 속이 좋지 않을 때가 많아서……. 아빠는 내가 너무 빨리 커서 그런 거래."

아무래도 납득이 가지 않는다는 표정을 지으며 캐시 아가씨가 앉자, 린튼은 그 옆에 누웠습니다.

우리와 함께 있는 것이 린튼에게는 즐거움이 아니라 오히려 형벌이라는 것을 저뿐 아니라 아가씨 역시 깨달았습니다. 얼마 안 가서 아가씨가 먼저 돌아가자고 말했습니다.

"가지 마, 캐시. 내가 기운이 없는 것은 찌는 듯한 날씨 때문이야. 네가 오기 전에 나는 너무 오래 걸어다녔어. 외삼촌께는 내 건강이 매우 좋아졌더라고 전해 줘."

"네가 그러더라고 전해 줄게. 하지만 네 말대로 건강한 것 같아 보이지는 않는걸."

"그리고 다음 주 목요일에 이리로 또 와 줘. 외삼촌께는 너와 만나게 해 주어서 감사하고 있더라고 전해 주고."

일주일이 흘러갔습니다. 그 동안 에드거 서방님의 병세는 눈에 띄게 나빠졌습니다.

목요일이 되어도 아가씨는 차마 말을 타고 산책하러 나가자는 말을 꺼낼 용기가 없었습니다. 그래서 제가 대신 서방님에게 밖에 나가게 해 달라는 부탁을 했습니다.

맑게 갠 8월의 오후였습니다.

린튼은 지난번에 자기가 만나자고 했던 그 장소에서 기다리고 있었습니다. 아가씨는 말에서 내리더니, 잠깐 만나고 올 거니까 저더러는 말에서 내리지 말고 망아지를 붙들고 있으라는 것이었습니다. 그러나 저는 아가씨에게서 잠시도 한눈을 팔 수 없었으므로 말에서 내렸습니다.

우리는 나란히 히스가 우거진 언덕을 올라갔습니다.

린튼은 이번에는 전보다 더욱 활기 있게 우리를 맞았지만, 정말 기운이 나서 그런 것도 아니요, 그렇다고 반가워서 그런 것은 더욱 아닌 것 같았습니다.

"늦었군! 나는 네가 못 오는 줄 알았어."

린튼의 말에 캐시 아가씨가 인사말 대신 외쳤습니다.

"왜 넌 솔직하지 못하니? 왜 너는 나를 원하지 않는다고 말하지 못하니? 린튼, 너는 네 맘대로 나를 두 번씩이나 이 곳까지 오게 만들었는데, 아무리 생각해도 이렇게 만나는 게 두 사람을 괴롭히는 것뿐 다른 이유는 없는 것 같으니 이상하잖아!"

린튼은 부들부들 떨면서 애원하듯, 부끄러운 듯 아가씨를 바라보았습니다.

"그게 무슨 말이야? 캐시, 제발 그렇게 화난 표정 짓지 마! 맘대로 나를 멸시해. 나는 하찮고 비겁한 놈이니까, 아무리 욕을 먹어도 괜찮아. 하지만 난 네가 화낼 상대도 못 돼. 미워하려면 우리 아버지를 미워하고, 내겐 멸시하는 정도로 해 줘."

린튼은 온통 눈물에 젖은 비참한 표정으로 그 힘없는 몸을 땅 위에 내던졌습니다. 그는 공포 때문에 오그라든 것처럼 보였습니다.

"아아! 나는 더 이상 견딜 수가 없어, 캐시. 나는 배반자야. 그런데 무서워서 네게는 말할 수가 없어! 하지만 네가 나를 버리고 가면 나는 죽을 거야!"

린튼이 흐느끼며 말했습니다.

못 견디게 괴로워하는 그의 모습을 보다 못해 아가씨가 그를 일으켜 주려고 허리를 굽혔습니다.

그 때 히스 숲이 흔들리는 소리가 나서 바라보았더니, 히스클리프가 우리 쪽으로 다가왔습니다.

"린튼! 일어서! 그렇게 땅바닥에서 기지 말고 일어서란 말이야!"

"일어설게요, 아버지. 그렇지만 조금만 내버려 두어 주세요. 안 그러면 기절할 것 같아요. 아버지가 하라는 대로 했어요. 내가, 내가 명랑하다는 것은 캐시가 증명할 거예요. 아아! 캐시, 내 곁에 있어 줘. 손을 잡게 해 줘."

소년은 숨을 헐떡거렸습니다.

"내 손을 잡아. 발을 딛고 서 봐. 자, 됐어……. 아가씨가 팔을 잡으라고 하는군. 됐어, 아가씨를 쳐다 봐. 캐서린, 내가 이렇게 무섭게 구니까 나를 악마라고 생각하겠지? 저 녀석을 데리고 집까지 걸어가 주겠니? 내 손이 닿기만 해도 이 녀석은 벌벌 떠니까 말이야."

그의 아버지가 말했습니다.

캐시는 하는 수 없이 린튼을 부축해 집 안으로 데려다 주었습니다.

저는 아가씨가 린튼을 의자에 앉히고 곧 나오려니 생각하고 기다렸습니다. 그런데 히스클리프가 저를 집 안으로 밀어넣으며 소리쳤습니다.

"넬리, 우리 집에 전염병이라도 퍼진 줄 아나? 오늘은 잘 대접하고 싶으니 앉게나. 문을 닫아도 괜찮겠지?"

그는 문을 닫고 자물쇠를 채워 버렸습니다.

놀란 아가씨는 히스클리프에게서 열쇠를 빼앗으려고 했습니다. 손톱으로 할퀴어도 끄떡도 하지 않는 것을 알고, 아가씨는 이빨로 세게 물어뜯었습니다.

히스클리프는 힐끗 저를 노려보았는데, 그 눈빛은 제가 감히 말리지 못할 만큼 사나웠습니다. 그러나 아가씨는 그의 손가락에만 정신이 쏠려서 사나운 그 얼굴은 못 보았습니다. 그는 갑자기 손가락을 펴서 열쇠를 내던져 버렸습니다. 그러나 아가씨는 미처 열쇠를 줍기도 전에 호되게 뺨을 얻어맞고 쓰러졌습니다.

"이 악당! 이 악마 같은 놈아!"

저는 소리를 지르며 그에게 덤볐습니다.

그러나 가슴을 한 대 얻어맞는 바람에 저 역시 나가떨어졌습니다.

이 소동은 2분쯤 지나 끝났습니다. 캐시는 가엾게도 갈대처럼 몸을 떨면서 어찌할 바를 모르고 탁자에 기댔습니다.

히스클리프는 마룻바닥에 있는 열쇠를 집으려고 허리를 굽히면서 차디차게 말했습니다.

"나는 아이들을 다스리는 법을 알지. 어때? 자, 내 말대로 린튼에게 가서 마음껏 울어 봐! 내일이면 난 네 시아버지가 될 테고, 그렇게 되면 실컷 패줄 테다."

결국 히스클리프는 두 사람을 강제로 결혼시키기 위해 그런 일을 꾸민 것이었습니다.

아가씨는 화끈거리는 뺨을 제 무릎에 대고는 큰 소리로 울었습니다. 린튼은 소파 한쪽에 생쥐처럼 가만히 웅크리고 앉아 있었는데, 얻어맞은 것이 자기가 아니라 다른 사람인 것을 다행으로 여기고 있는 것 같았습니다.

히스클리프는 우리 모두 멍하니 정신이 나간 것을 보고 일어나서 서둘러 차를 준비했습니다. 그는 찻잔에 차를 따라 제게 건네주며 말했습니다.

"자, 이제 그만 화를 풀고 이 말썽꾸러기 아가씨와 우리 아들에게 차를 따라 주게. 내가 만든 차지만 독약을 타진 않았네. 나는 나가서 자

네들의 말을 찾아보아야겠네."

그가 나가 버리자, 우리는 무엇보다도 먼저 어떻게 해서라도 그 곳을 빠져 나가야겠다는 생각을 했습니다. 부엌문을 밀어 보았지만 밖으로 잠겨 있었습니다. 창문은 너무 작아서 아가씨의 작은 몸마저도 빠져 나가기 힘들었습니다.

저는 우리가 완전히 갇혀 버린 것을 알고 외쳤습니다.

"린튼 도련님! 도련님은 악마 같은 아버지가 어떻게 하려는지 아실 테니까, 우리에게 말씀해 주셔야 해요! 그렇지 않으면 도련님의 아버지가 우리 아가씨에게 했듯이 제가 도련님의 뺨을 때리겠어요."

"그래, 린튼. 너는 말해 줘야 해. 내가 온 것은 너 때문이었으니까. 말할 수 없다면, 너는 은혜도 모르는 나쁜 사람이야."

"차를 좀 줘. 목이 탄단 말이야. 그러면 말해 줄게. 딘 부인, 저리 가요. 나는 당신이 내려다보고 서 있는 것이 싫어. 저런, 캐서린, 너 내 찻잔에 눈물을 떨어뜨리는구나. 그건 안 마실 테야. 다른 걸 줘."

린튼의 말에 아가씨는 다시 차를 한 잔 따라서 그에게 주고 눈물을 닦았습니다.

"아빠는 우리가 결혼하기를 원하고 있어."

린튼이 차를 몇 모금 마시고 나서 말을 이었습니다.

"하지만 너의 아빠가 우리를 결혼시키지 않으리라는 것을 아빠는 알고 있어. 기다리다 보면 결혼식을 올리기 전에 내가 죽어 버릴 것 같아서 내일 아침 우리를 결혼시키려는 거야. 그러니까 너는 오늘 밤 여기 있어야 해. 아빠가 원하는 대로만 한다면, 내일은 집으로 돌아가게 될 거야. 나와 함께 말이야."

"도련님을 데리고 간다구요? 이런 나약한 못난이를요? 도련님이 결혼을 해요? 저런, 그 사람 돌았군! 아니면 우리 모두를 바보로 아는가 봐. 그래, 저렇게 아름답고 건강하고 쾌활한 아가씨가 다 죽어 가는 원숭이새끼 같은 도련님한테 시집갈 것 같아요? 비겁하게 우는 소리를 해서 이 곳으로 끌고 왔으니, 도련님은 매를 맞아야 해요!"

제가 멱살을 쥐고 약간 흔들었더니, 그는 여느 때처럼 기침을 하고 신음 소리를 내며 훌쩍거렸습니다.

"오늘 밤 못 간다구? 안 돼! 넬리, 난 저 문에 불을 지르고라도 나가고 말 테야."

캐시가 천천히 주위를 살피며 말했습니다.

그러자 린튼은 깜짝 놀라 벌떡 일어났습니다. 그는 가냘픈 두 팔로 아가씨를 껴안고는 훌쩍거렸습니다.

"나랑 결혼해서 나를 살려 주지 않을래? 나를 드러시크로스 저택으로 데려가 줘. 아! 사랑하는 캐시! 제발 나를 버리고 가지 마. 우리 아버지 말대로 해야 해. 꼭 그래야만 된다구!"

"나는 우리 아빠 말씀에 따라야 해. 그리고 이런 일로 걱정을 끼쳐 드려서는 안 돼. 밤새도록 갈 수 없다니! 어떻게 생각하실까? 아빠는 벌써부터 걱정하고 계실 거야. 문을 부수든지 불을 지르든지 해서 이 집을 나갈 테야."

그러는 동안 우리의 감시자 히스클리프가 돌아왔습니다.

"말은 달아나 버렸더군. 그런데 이봐, 린튼! 또 짜는 거냐? 캐서린이 너를 때리기라도 했니? 자, 그만 그치고 가서 자거라."

린튼이 나가자, 자물쇠는 다시 채워졌습니다.

히스클리프는 저와 아가씨가 묵묵히 서 있는 난롯가로 다가왔습니다. 아가씨는 본능적으로 손을 뺨에 가져갔습니다. 히스클리프가 다가오자 아픈 느낌이 되살아났던 모양입니다.

그러자 히스클리프는 얼굴을 찡그렸습니다.

"참! 너는 내가 안 무섭다고 그랬지? 그 용기가 어디로 숨어 버렸니? 이젠 정말 무서워하는 것 같은데!"

"지금은 무서워요. 내가 돌아가지 않으면 아빠가 걱정하실 테니까요. 아빠에게 걱정을 끼쳐 드릴 수는 없어요. 아빠는, 아빠는……. 히스클리프 씨, 나를 가게 해 주세요! 린튼과 결혼한다고 약속할게요."

"강제로 결혼을 시키려면 시켜 봐요! 우리가 이렇게 시골 구석에 살고 있지만, 고맙게도 이 나라에는 법이라는 것이 있어요. 내 아들이라도 그런 짓을 하면 나는 고발할 거예요."

저는 소리를 질렀습니다.

"닥쳐! 입 좀 닥치라구! 자네가 떠드는 것은 원치 않네. 캐서린, 너의 아버지가 걱정할 생각을 하면 나는 매우 기분이 좋아. 너무 좋아서 잠도 올 것 같지 않아. 그런 사실을 알려 주다니, 앞으로 스물네 시간 동안 아가씨를 우리 집에 가둬 두기에 더할 수 없이 좋은 정보야. 린튼과 결혼하기로 약속한다고 했는데, 내가 약속은 꼭 지키도록 해 주지. 약속을 이행할 때까지는 이 집에서 절대 나갈 수 없을 테니까."

"그럼 넬리를 보내서 내가 무사하다는 것을 아빠께 전하게 해 주세요. 그렇지 않으면 나를 당장 결혼시켜 주세요. 가엾은 아빠! 넬리, 아빠는 우리가 죽었다고 여기실 거야."

드디어 아가씨가 울음을 터뜨렸습니다.

"안 그럴걸! 아마 간호하는 데 짜증이 나서 바람이나 쐬러 나간 줄 알 거야."

히스클리프가 말했습니다.

날이 점점 어두워졌습니다. 정원의 문께에서 사람들의 목소리가 들려왔습니다. 히스클리프는 서둘러 밖으로 나갔습니다. 그는 눈치가 빨랐지만 우리는 그렇지 못했습니다. 2,3분 정도 이야기를 하고 그는 혼자 돌아왔습니다.

"자네들을 찾으러 드러시크로스 저택에서 하인 셋을 보냈어. 창문을
열고 소리를 칠 걸 그랬지? 하지만 저 계집애는 자네가 그렇게 안한
것을 다행으로 생각하고 있을 걸세. 이 집에 머물지 않으면 안 되게
된 것을 분명히 기뻐하고 있을 걸세."

히스클리프의 말에 좋은 기회를 놓친 것을 알고 우리는 한없이 울었
습니다.

다음 날 아침 7시에 히스클리프가 와서 문을 열고 아가씨를 끌어 냈
습니다. 저도 함께 따라가려고 했더니, 그는 얼른 문을 잠갔습니다.

이리하여 저는 온종일 갇혀 있었고, 그 다음 날도 또 다음 날도 그 다
음 날도, 모두 닷새 밤과 나흘 낮 동안을 매일 아침 한 번씩 헤어튼을
만나는 이외에는 아무도 만나지 못하고 지냈습니다.

갇힌 지 닷새째 되던 날 오후, 저만 돌아가도록 허락되었습니다.

에드거 서방님은 죽음을 눈앞에 두고 누워 있었습니다. 그분은 무척
젊어 보였습니다. 실제 나이는 서른아홉이었으나 적어도 열 살은 젊어
보였습니다. 따님 생각을 하고 있었던가 봅니다. 아가씨 이름을 중얼거
리고 있었으니까요. 저는 그분의 손을 잡고 말했습니다.

"서방님, 아가씨는 곧 돌아오실 거예요! 아가씨는 무사하세요. 아마
오늘 밤에는 돌아오실 겁니다."

그러자 서방님은 몸을 반쯤 일으키고 방 안을 자세히 살피더니, 그만
뒤로 넘어지며 정신을 잃었습니다. 서방님이 의식을 회복한 후에, 저는
강제로 끌려가서 워더링 하이츠에 머무르게 되었던 사연을 말했습니다.

서방님은 히스클리프가 서방님의 재산을 자기 아들의 것으로, 결국은
그 자신의 것으로 만들 계획을 가지고 있다는 사실을 알고 있었습니다.

그러나 왜 자신이 숨을 거둘 때까지 그가 기다리지 못하는지 의문이었던가 봅니다. 자신의 조카가 자신과 거의 때를 같이하여 세상을 떠나게 되리라는 것을 몰랐으니까요.

하여튼 서방님은 유언장을 다시 쓰는 게 좋겠다고 생각했습니다. 즉, 캐시 아가씨의 재산을 아가씨 마음대로 처분하지 못하도록 관리인의 손에 맡겨 놓고 아가씨가 살아 있는 동안은 아가씨를 위해서, 그리고 아가씨가 죽고 나면 아이가 있을 경우 그 아이를 위해서 쓰도록 만들어 놓을 계획이었습니다. 그렇게 하면 린튼이 죽더라도 자신의 재산이 히스클리프의 손에 넘어갈 수 없을 테니까요.

서방님의 분부를 받고, 저는 한 사람은 변호사를 부르러 보내고, 다른 하인 네 사람에겐 쓸 만한 무기를 들려서 아가씨를 그 집에서 빼내 오라고 보냈습니다. 양쪽 다 밤늦도록 돌아오지 않았습니다.

변호사에게 갔던 하인이 먼저 돌아왔는데, 마을에 급한 일이 있어서 내일 아침에야 오겠노라고 했다는 겁니다. 네 사람도 역시 그냥 돌아왔습니다. 캐시 아가씨가 너무 아파 방에서 나올 수도 없다고 하더라는 겁니다.

저는 그 따위 거짓말에 넘어간 하인들을 호되게 야단치고는 서방님에게는 말하지 않았습니다. 그리고 날이 새면 하인을 모두 워더링 하이츠로 데리고 가서 아가씨를 순순히 내놓지 않으면 한바탕 소동을 벌이기로 다짐했습니다.

그런데 다행스럽게도 그럴 필요는 없었습니다. 새벽 3시에 저는 물주전자를 가지러 아래층으로 내려갔습니다. 주전자를 들고 홀을 지나는데, 갑자기 현관문을 두드리는 소리가 났습니다.

저는 물주전자를 난간에 놓고 뛰어가서 서둘러 문을 열었습니다. 문안으로 들어선 사람은 캐시 아가씨였습니다. 아가씨는 울면서 제 품으로 뛰어들었습니다.

"넬리! 넬리! 아빠는 살아 계셔?"

"그럼요, 살아 계시고말고요. 아가씨, 무사히 돌아오셨군요!"

아가씨는 숨이 차서 헐떡거리면서도 서방님 방으로 뛰어올라가려 했습니다.

저는 아가씨를 억지로 의자에 앉혀 진정시킨 다음, 앞치마로 창백한 얼굴을 비벼서 어느 정도 혈색이 돌게 하고 들여보냈습니다.

저는 도저히 부녀의 상봉을 바라볼 수가 없어서 15분쯤 병실 문 밖에서 있다가 들어갔습니다. 그러나 두 분은 무척 침착했습니다. 서방님은 기쁨에 찬 눈을 들어 따님의 얼굴을 지그시 쳐다보고 있었습니다.

록우드 씨, 그분은 평화롭게 돌아가셨습니다. 행복한 최후였습니다. 따님의 뺨에 키스하며 이렇게 말했습니다.

"나는 네 엄마에게로 간다. 사랑하는 캐시, 너도 우리에게로 오너라!"

간신히 말을 마친 서방님은 다시는 꼼짝도 하지 않았고 아무 말도 없었습니다. 캐시 아가씨는 너무 울어서 눈물이 말라 버렸는지, 아니면 너무나 슬퍼서 눈물조차 흐르지 않는지, 아침해가 뜨도록 눈물 한 방울 흘리지 않은 채 꼼짝하지 않고 그 자리에 앉아 있었습니다. 정오 무렵까지 시신 옆에 앉아 있기에 제가 좀 쉬어야 한다고 타일렀습니다.

아가씨를 다른 방으로 가도록 한 것은 다행이었습니다. 점심때 변호사가 왔기 때문입니다. 그는 워더링 하이츠에 들러 히스클리프에게서 지시를 받고 오는 길이었습니다. 즉, 히스클리프에게 매수되었던 겁니다. 그래서 서방님이 부르는데도 오지 않았던 것이죠.

장례는 급히 치러졌습니다. 린튼 히스클리프 부인이 된 캐시 아가씨는 아버님의 유해가 떠나기까지 드러시크로스 저택에 머물러 있도록 허락을 받았습니다.

나중에 아가씨의 말을 들으니, 아가씨가 슬퍼하는 것을 보다 못해 린튼이 위험을 무릅쓰고 도와주는 바람에 워더링 하이츠를 빠져 나올 수 있었답니다.

장례를 치른 날 저녁, 저와 아가씨가 서재에 앉아 있는데 히스클리프가 노크도 없이 불쑥 들어왔습니다.

그를 보자 캐시 아가씨는 뛰쳐나가고 싶은 충동에 몸을 일으켰지만, 그가 아가씨의 팔을 잡았습니다.

"그냥 있어! 나는 너를 데리러 왔다. 이제부터는 착한 며느리가 되어야지. 내 아들을 꾀어 내 말을 거슬리도록 해선 안 된다."

"가겠어요. 린튼은 이 세상에서 내가 사랑해야 할 오직 한 사람이에요. 그가 나를 사랑한다는 것을 알고 나서는 나도 그를 사랑해요. 히스클리프 씨, 당신을 사랑하는 사람은 아무도 없어요. 어느 누구도 당신을 사랑하지 않고, 당신이 죽더라도 누구 하나 절대로 눈물을 흘리지 않을 거예요."

캐시 아가씨가 침울하긴 하지만 의연한 태도로 말했습니다.

"더 이상 지체하지 말고 가서 짐이나 꾸려라, 이 요망한 것아!"

아가씨가 나간 후, 저는 질라에게 제 자리를 물려주고 그녀 대신 제가 워더링 하이츠에서 일하도록 해 달라고 간청했습니다. 그러나 히스클리프는 들어주지 않았습니다.

그는 제게 조용히 하라고 하더니, 유심히 방 안을 살펴보다가 벽에 걸린 초상화에 눈길이 멎었습니다. 캐서린 아씨의 초상화를 자세히 보고 나서 말했습니다.

"저건 내가 집으로 가져가야겠군. 별로 필요한 건 아니지만……"

그는 초상화를 떼어서 좀더 잘 보이는 곳에 놓고 들여다보려는 듯 소파 위에 기대 놓았습니다. 그러고 있는데 캐시 아가씨가 들어와서, 망아지에 안장만 얹으면 준비가 다 된다고 알렸습니다.

"저것은 내일 보내 주게."

제게 이르고 나서 히스클리프는 아가씨를 바라보며 덧붙였습니다.

"망아지는 놔 둬도 돼. 오늘 저녁은 이렇게 날씨도 좋고 또 워더링 하이츠에 가면 망아지는 필요 없을 거야. 어디를 가든 걸어서 다니면 되지. 가자."

"잘 있어, 넬리! 놀러 와, 잊지 말고."

나의 사랑스러운 아가씨가 속삭였습니다. 저에게 키스하는 아가씨의 입술은 얼음같이 차가웠습니다.

"그런 일은 없도록 하게, 딘 부인. 자네에게 할 말이 있으면 내가 이리로 오겠네. 자네가 우리 집에 얼씬거리는 것은 원치 않네!"

히스클리프가 말했습니다. 그리고 그는 아가씨에게 앞장서라고 손짓했습니다. 아가씨는 제 가슴을 찢는 듯한 표정으로 뒤돌아보며 그의 말에 순종했습니다.

그 후 저는 워더링 하이츠에 한 번 간 적이 있었지만, 아가씨를 만나지는 못했습니다. 아가씨의 안부가 궁금해서 찾아갔었는데, 조지프가 문을 가로막고 서서 린튼 부인은 바쁘시고 주인님은 안 계시다면서 들여보내 주지 않았습니다. 질라가 그 집안 사정을 알려 주지 않았더라면, 누가 죽었는지 살았는지조차 모를 지경이었습니다.

말하는 품으로 보아 질라는 캐시를 좋아하지 않는 것 같았습니다. 아마 건방지다고 생각하겠지요.

6주일쯤 전, 즉 록우드 씨가 이 곳에 오시기 얼마 전이었죠. 들에서 질라를 만나 오랫동안 이야기를 나누었는데, 그 날 질라가 이런 이야기를 해 주었습니다.

히스클리프는 린튼의 상태가 나빠도 의사를 부르지 않았답니다. 그를 위해서는 동전 한 푼 쓰고 싶지 않다는 거지요.

어느 날 밤, 캐시는 질라에게 부탁해서 히스클리프에게 린튼 서방님이 위독하다는 사실을 알렸답니다. 히스클리프가 촛불을 밝혀 들고 그 방으로 갔을 때, 이미 린튼 서방님은 세상을 떠난 뒤였죠.

질라의 말에 의하면, 캐시는 그 후 열나흘을 꼼짝 않고 이층에 누워 있었다고 합니다. 그 동안 히스클리프가 딱 한번 들렀는데, 아들의 유언장을 보여 주기 위해서였다는군요.

린튼은 자기 몫과 캐시의 몫이었던 재산 모두를 자기 아버지 히스클리프에게 넘겼답니다. 에드거 서방님이 세상을 떠나 캐시가 일주일쯤 집을 비운 사이에 그렇게 된 거죠.

질라에게 그런 말을 들었을 때, 저는 이 집에서 나가 오두막이라도 얻어 캐시와 함께 살려고 작정을 했습니다. 그러나 히스클리프가 그것을 허락할 리 없지요. 지금으로서는 캐시가 재혼하는 길밖에 없는데, 그런 일은 제 힘으로 어떻게 할 수 있는 일이 못 되지요.

딘 부인의 이야기는 끝났다. 나는 의사가 말한 것보다 일찍 건강을 회복했다.

아직 1월의 두 번째 주지만, 하루나 이틀 뒤에는 말을 타고 워더링 하이츠를 방문할 생각이다. 집주인인 히스클리프에게 앞으로 여섯 달 정도 런던에서 보낼 계획이라고 말하고, 만약 그가 원한다면 10월 이후에 세들 사람을 물색해 보라고 할 작정이다. 누가 뭐래도 나는 이 곳에서 또다시 겨울을 보낼 생각은 추호도 없다.

폭풍이 지나간 후

어제는 맑고 바람도 불지 않는 차가운 날씨였다. 딘 부인이 그 집의 젊은 부인에게 전해 달라고 부탁한 쪽지를 가지고 나는 계획했던 대로 워더링 하이츠로 갔다.

지난번에 왔을 때와 다름없이 대문은 잠겨 있었지만 현관문은 열려 있었다. 문을 두드리자 정원의 화단에 있던 헤어튼이 나와서 대문을 열어 주었다. 그는 시골 청년치고는 상당한 미남이었다. 나는 그를 자세히 살펴보았는데, 그는 자신의 그러한 장점을 전혀 뽐낼 생각이 없는 것 같았다.

내가 히스클리프 씨가 집에 있느냐고 묻자, 그는 안 계시지만 점심 시간에 돌아올 것이라고 대답했다. 그 때 시간이 11시였으므로 나는 들어가서 돌아올 때까지 기다리겠다고 했다. 그랬더니 그는 즉시 연장을 내던지고 내 뒤를 따랐는데, 주인 노릇을 하려는 것이 아니라 순전히 나를 감시하기 위해서인 것 같았다.

우리는 함께 들어갔다. 캐시는 점심상에 놓을 야채 요리를 만들고 있었는데, 처음 보았을 때보다 더욱더 우울하고 힘이 없어 보였다. 그녀는 전과 다름없이 나를 무시하고 일만 했다. 내가 머리 숙여 인사를 해도 외면했다.

나는 생각했다.

'저 여자는 딘 부인이 말하는 것보다 사랑스럽지는 않군. 아름답긴 하지만 천사는 아냐.'

헤어튼은 캐시에게 요리 기구를 부엌으로 가져가라고 무뚝뚝하게 말했다.

"당신이 갖고 가요."

캐시는 일이 끝나자마자 요리 기구를 밀어 내며 말했다. 그리고 창가 의자에 앉아서 쓰다 남은 무에 새와 짐승의 형태를 새기기 시작했다.

나는 정원을 내다보는 척하며 그녀 곁으로 가서, 딘 부인이 준 쪽지를 헤어튼이 눈치채지 못하게 재빨리 그녀의 무릎 위에 떨어뜨리려 했다. 그런데 그녀가 그만 큰 소리로 '이게 뭐죠?' 하고 그것을 밀어 내는 것이 아닌가.

나는 당황하여 얼굴이 붉어졌다.

"부인의 옛 친구인 드러시크로스 저택의 가정부가 보낸 편지요."

내 말을 듣고 캐서린이 반가워하며 쪽지를 집어 들려고 했지만, 헤어튼이 먼저 그것을 집어 조끼 주머니에 쑤셔 넣었다. 히스클리프 씨에게 먼저 보여야 한다는 것이었다.

그러자 캐시는 말없이 우리에게서 얼굴을 돌리더니, 호주머니에서 손수건을 꺼내어 눈으로 가져갔다. 그녀의 사촌은 동정심을 억누르느라 한참 동안 애를 쓰더니, 편지를 도로 꺼내어 아주 사납게 그녀 옆의 마룻바닥에 내던졌다.

캐시는 그것을 얼른 집어서 열심히 읽고 나더니, 내게 친정집 식구들에 대해서 정신 없이 몇 마디 묻고는 아름다운 머리를 창틀에 기대고 우리가 보건 말건 상관하지 않고 멍하니 슬픔에 빠져 버렸다.

나는 한동안 가만히 있다가 입을 열었다.

"히스클리프 부인, 내가 부인에 대해 잘 안다는 것을 모르시는가 보군요. 얼마나 가깝게 느끼는지 부인이 내게로 와서 말을 걸어 주지 않는 것이 이상하게 느껴질 정도지요. 우리 집 가정부는 부인 얘기나 부인 칭찬이라면 지칠 줄을 모른답니다. 그러니 만약 내가 답장도 받지 못하고 돌아간다면, 가정부는 대단히 서운해할 겁니다!"

"넬리에게 전해 주세요. 답장을 쓰고 싶지만 종이가 없다구요. 책장이라도 뜯었으면 좋겠는데, 그럴 책조차도 갖고 있지 않다구요."

캐시의 말에 나도 모르게 소리쳤다.

"책이 한 권도 없다니! 이런 곳에서 책도 없이 어떻게 지내십니까? 실례의 말씀인지는 몰라도, 서재에 책이 많이 있는 드러시크로스 저택에서도 심심할 때가 많은데. 책이 없다면 나는 미쳐 버릴 거예요!"

"나도 책이 있을 때는 항상 읽었지요. 그런데 히스클리프 씨는 책이라곤 전혀 보지 않거든요. 그래서 내 책을 모조리 치워 버린 거예요. 벌써 몇 주일째 책이라고는 그림자도 못 보았어요. 그리고 헤어튼, 당신이 방에다 몰래 감춰 준 책들을 우연히 찾아 냈어요. 라틴 어와 그리스 어 책이 몇 권, 이야기책과 시집 몇 권이 있었는데, 모두 내겐 눈에 익은 것이었지요. 당신은 자기가 읽지 못하니까 다른 사람도 읽지 못하게 하려는 심술로 책들을 감추었을 거예요."

자신이 비밀리에 책을 모아 둔 것을 사촌이 폭로하자 헤어튼은 얼굴을 붉혔다. 나는 그를 감싸 주고 싶었다.

"공부를 하고 싶어서겠죠. 결코 심술이 나서 그런 건 아닐 겁니다."

"그리고 자기가 공부하는 사이에 나는 바보가 되기를 바라겠지요. 그래요. 저 사람이 혼자서 한 자 한 자 더듬거리며 읽어 보려고 애쓰는 소리를 들은 일이 있는데, 정말 형편 없더군요!"

캐시가 말했다.

헤어튼은 밖으로 나갔다. 그러나 양손에 대여섯 권의 책을 들고 다시 나타나, 그것들을 캐시 쪽으로 내던지며 말했습니다.

"가져가! 다시는 그 따위 것을 읽고 싶지도, 생각하고 싶지도 않아!"

"이젠 그런 것 필요 없어요. 그걸 보면 당신 생각이 날 테니까 쳐다보기도 싫어요."

캐시도 지지 않고 말했다.

그러자 헤어튼은 책을 한데 모아 불 속에 내던졌다.

"당신처럼 짐승 같은 사람이 책에서 배울 것이라고는 고작 그런 짓뿐일 거야!"

캐시가 소리쳤다.

"그만 닥치는 게 좋을 거야!"

헤어튼이 거칠게 말했다.

그는 흥분한 나머지 더 이상 말을 못하고 서둘러 문 쪽으로 다가왔다. 나는 재빨리 길을 비켜 주었다. 그러나 그는 섬돌에 내려서기도 전에 자갈길을 올라오던 히스클리프와 마주쳤다.

히스클리프가 헤어튼의 어깨를 잡고 물었다.

"왜 그래?"

"아니, 아무것도 아닙니다."

그는 슬픔과 분노를 혼자서 삭이려는 듯 피해 버렸다.

히스클리프는 그의 뒷모습을 우두커니 바라보다가 한숨을 쉬었다.

"내 일을 내 스스로 망치려 들다니, 알 수 없는 노릇이지. 저 녀석의 얼굴에서 제 아비 모습을 찾으려고 했지만, 날이 갈수록 그녀의 모습만 떠오르거든! 어쩌면 그토록 제 고모를 닮았단 말인가! 이젠 저 녀석의 얼굴도 보기 싫군."

히스클리프는 눈길을 아래로 떨구고 우울한 표정으로 걸어 들어왔다. 그의 얼굴에는 전에 볼 수 없었던 불안과 근심이 서려 있었고, 몸도 여윈 듯했다. 캐서린은 창 밖으로 그가 오는 것을 보고 얼른 부엌으로 피해 버렸기 때문에 나만 혼자 남아 있었다.

내가 인사를 하자, 그도 가볍게 고개를 끄덕였다.

"다시 바깥 출입을 하게 되었으니 다행이군요."

"나는 다음 주 런던으로 떠납니다. 그래서 처음 계약한 대로 드리시크로스 저택에는 12개월 이상 머물 수 없다는 것을 미리 말씀드려야 겠습니다."

그 날, 나는 히스클리프와 점심 식사를 함께 했다. 캐시는 부엌에 있었다. 한쪽에는 침울하고 무뚝뚝한 히스클리프, 다른 한쪽에는 전혀 말이 없는 헤어튼과 같이 별로 유쾌하지 못한 식사를 하고 일찌감치 작별을 고했다.

마지막으로 캐시를 한 번 더 보고 싶었으나, 히스클리프가 헤어튼에게 내 말을 끌고 오라고 명령한 다음 직접 나를 앞문으로 인도하는 바람에 뜻을 이룰 수가 없었다.

1802년 9월, 나는 북부 지방에 사는 친구에게서 사냥을 하러 오라는 초대를 받았다. 그래서 그 친구의 저택으로 가는 길에 우연히 기머튼에서 23킬로미터쯤 떨어진 곳을 지나게 되었다.

나는 문득 드러시크로스 저택을 방문해 보고 싶었다. 겨우 정오가 되었을까 말까 한 때였으므로, 그날 밤 여관에서 자느니 세든 집이긴 하지만 내 집에서 보내는 것이 나으리라는 생각이 들었다.

나는 하인을 마을에 남겨 두고 혼자 골짜기를 내려갔다. 회색의 교회 건물은 더욱 짙은 회색이 되었고, 삭막한 교회 묘지는 더욱더 삭막해 보였다.

나는 해가 지기 전에 드러시크로스 저택에 이르러 문을 두드렸다. 그러나 식구들이 모두 뒤채에 있는지 나오는 사람이 없었다.

나는 안뜰로 말을 몰고 들어갔다. 문간에서 아홉 살이나 열 살쯤 되어 보이는 여자아이가 뜨개질을 하고 있었고, 한 노파가 댓돌에 기대어 생각에 빠져 담뱃대를 빨고 있었다.

"딘 부인은 안에 계신가요?"

내가 노파에게 물었다.

"딘 부인? 그분은 이 집에서 살지 않고 워더링 하이츠에서 산다오."

"그럼 할머니가 이 집을 지키고 계신가요?"

"그렇소, 내가 이 집을 지키고 있다오."

노파가 대답했다.

"그래요? 나는 이 집 주인 록우드요. 오늘 밤 여기서 쉬어야겠는데. 내가 묵어도 좋을지 모르겠군요."

그러자 노파는 깜짝 놀랐다.

"주인님이시라구요? 그럼 미리 연락을 하고 오시지 않고……."

노파는 담뱃대를 내던지고 분주하게 안으로 들어갔다. 갑자기 찾아와서 당황한 모양이었다. 나는 산책을 하고 올 테니, 그 동안 저녁 식사를 마련해 달라고 부탁했다.

"워더링 하이츠 분들은 모두 안녕하신가요?"

나는 노파에게 물었다.

"네, 아마 잘들 계실 겁니다."

노파는 불씨가 담긴 그릇을 들고 뛰어가다 말고 대답했다.

나는 딘 부인이 드러시크로스 저택을 떠난 까닭을 묻고 싶었지만, 그렇게 급히 서두르는 노파를 붙들고 이야기할 수도 없는 일이어서 그냥 나왔다.

워더링 하이츠가 보이는 곳까지 이르기도 전에 날은 벌써 어두워졌다. 그러나 달빛으로 길 위에 깔린 자갈 한 개, 풀잎 하나까지 뚜렷하게 보였다.

대문을 타고 넘어가거나 두드릴 필요가 없었다. 손으로 밀자 금방 열렸기 때문이다.

'달라졌군.'

나는 생각했다.

출입문도 창문도 모두 열려 있었으나, 탄광 지대에서 으레 그렇듯이 난로에는 빨간 불이 타오르고 있었다.

그날도 집안 식구들은 창가에서 별로 떨어지지 않은 곳에 앉아 있었다. 그래서 나는 집 안에 들어가기도 전에 그들을 볼 수 있었고 이야기 소리를 들을 수도 있었으므로, 자연스럽게 보게 되고 귀를 기울이게 되었다. 그렇게 서 있는 동안, 나는 호기심과 질투심이 엇갈리는 감정에 휩싸였다.

"콘트레어리라니! 벌써 세 번째라구요. 바보 같으니라구! 다시는 가르쳐 주지 않을 거예요."

은방울이 굴러가는 듯한 고운 목소리가 말했다.

그러자 상대방이 굵고도 상냥한 목소리로 대답했다.

"그럼 컨트러리. 자, 이렇게 잘 맞혔으니까 키스해 줘."

"안 돼요. 우선 그걸 잘 읽어 봐요. 하나도 틀리지 말고."

남자 목소리가 읽기 시작했다.

깔끔한 차림의 젊은이가 탁자에 책을 펴고 앉아 있었다. 잘생긴 그 얼굴은 기쁨에 넘쳐 있고, 눈길은 자주 책장을 떠나 그의 어깨를 짚은 희고 조그마한 손으로 쏠렸다.

그 흰 손의 임자는 그의 뒤에 서 있었다. 그녀가 청년의 공부를 가르쳐 주느라고 허리를 굽힐 때면 그 윤기 나는 곱슬머리가 가끔 청년의 갈색 머리카락과 뒤섞이곤 했다.

그 후에도 틀린 적이 없지는 않았지만 공부는 끝났다.

그러고 나서 그들은 문 쪽으로 나왔는데, 그들의 대화로 짐작하건대 두 사람은 벌판으로 산책하러 나가려는 것 같았다.

나는 그들과 마주치지 않도록 살며시 부엌으로 돌아 들어갔다.

문 가까이에는 나의 옛 친구 넬리 딘이 앉아서 바느질을 하면서 노래를 부르고 있었다.

　딘 부인은 내가 들어서자, 곧 알아보고 벌떡 일어나 외쳤다.

　"어머나, 록우드 씨! 어떻게 이렇게 불쑥 돌아오십니까? 드러시크로스 저택은 모두 잠가 버렸는데요. 미리 연락을 해 주시지 않고!"

　"내가 머무르는 동안만 지낼 수 있도록 준비하라고 일러 놓고 오는 길이오. 나는 다시 떠날 테니까. 그런데 딘 부인, 어떻게 해서 이 집에서 살게 되었소? 그 얘기를 해 봐요."

　"질라가 나간 후 히스클리프 씨가 저를 부르셨지요. 록우드 씨가 런던으로 떠나시고 얼마 안 되어서였는데, 당신이 다시 오실 때까지만 이곳에 있어 달라는 거예요. 어쨌든 들어오세요! 지금 기머튼에서 오시는 길인가요?"

　"드러시크로스 저택에서 오는 길이오. 내가 잘 방을 준비하는 동안, 이 댁 주인과 집문제를 상의하려고 온 거요. 또다시 여기에 올 기회가 있을 것 같지 않아서 말이오."

　"무슨 일인가요? 지금 나가고 안 계신데. 금방 돌아오시지는 않을 거예요."

　딘 부인은 나를 거실로 인도하면서 말했다.

　"집세에 대한 얘긴데."

　"아, 그럼 아씨와 의논해 보세요. 아니면 저하고 얘기하시든가요. 아씨는 아직 그런 일을 잘 처리하지 못해 제가 대리로 하고 있습니다. 달리 누가 있어야지요."

　내가 놀란 표정을 짓자, 그녀가 말했다.

　"아아, 히스클리프 씨가 돌아가신 것을 모르고 계셨군요."

　"히스클리프 씨가 죽다니! 언제 그랬소?"

나는 놀라서 소리를 질렀다.

"석 달 전 일입니다. 하여튼 좀 앉으시고 모자를 제게 주세요. 전부 말씀드리죠. 그런데 뭘 좀 드셨나요?"

"아무것도 먹고 싶지 않소. 집에다 저녁을 준비하라고 일러 놓았어요. 그가 죽다니, 정말 놀라운 일이오! 도대체 어찌 된 일인지 들어 봅시다. 젊은 사람들은 금방 돌아오지 않을 거라고 했지요?"

"네. 그래서 밤늦도록 돌아다닌다고 매일 밤 혼을 내 줘야 한답니다. 어쨌든 우리 집의 오래 된 맥주나 한잔 하시지요."

딘 부인은 은잔에 맥주를 철철 넘치게 부어 가지고 왔다. 나는 그 호의에 답해서 열심히 술맛을 칭찬했다.

그런 후에 딘 부인은 히스클리프에 관한 뒷이야기를 들려주었다. 그녀의 말을 빌리자면, 그는 '기이한' 최후를 맞았다는 것이다.

젊은 그들

저는 록우드 씨가 떠난 지 2주일도 안 되어 워더링 하이츠로 불려 왔어요. 캐시 아씨를 위해서 기꺼이 옮겨 왔지요.

처음 아씨를 만났을 땐 서럽기도 하고 놀랍기도 했어요. 우리가 헤어진 후 아씨는 상당히 변해 버렸던 겁니다.

히스클리프는 이 집으로 새삼 저를 불러들일 마음을 먹게 된 직접적인 이유는 말하지 않고, 단지 제가 필요하고 캐시 아씨를 보는 게 지겨워서라고만 했습니다. 조그만 응접실을 제 방으로 삼아 캐시 아씨를 데리고 있으라고 하더군요.

그렇게 되자 캐시 아씨는 기쁜 모양이었습니다. 그래서 저도 드러시 크로스 저택에서 아씨가 즐겨 읽던 책이며 물건들을 몰래 옮겨다 놓았습니다. 그리고 이 정도면 따분하지 않겠지 하고 속으로 좋아했지만, 그런 나의 기대는 오래 가지 않았습니다.

처음에는 좋아하던 캐시 아씨가 얼마 지나지 않아 곧 짜증을 내며 불안해하기 시작했습니다. 첫째로 아씨는 정원 밖으로 나가지 못하게 되어 있었는데, 봄이 되면서 그런 좁은 울타리 안에 갇혀 사는 것이 매우 불편해졌던 거죠. 둘째로는 집안일을 돌보느라 제가 자주 아씨를 혼자 두고 나가야 했는데, 그러면 혼자 있기 싫다고 불평을 늘어놓았습니다. 그래서 혼자 멍청히 앉아 있는 것보다는 차라리 부엌에서 조지프와 다투는 쪽을 택했습니다.

두 사람의 싸움이야 큰일이 아니었지만, 주인님이 거실을 혼자 독차지하고 싶어하면 헤어튼도 하는 수 없이 부엌으로 쫓겨 들어오는 일이 있었는데, 그게 문제였어요.

처음엔 헤어튼이 들어오면, 아씨는 나가 버리거나 아니면 묵묵히 제가 하는 일을 거들거나 할 뿐 그를 쳐다보거나 말을 거는 것조차 피했습니다. 그리고 헤어튼도 마찬가지로 항상 무뚝뚝하고 말이 없었는데, 얼마 후부터 아씨는 태도를 바꿔 그를 그냥 내버려 두지 않게 되었어요. 냉정하고 게으르다고 그를 비난하기도 하고, 어떻게 그런 생활을 참고 지내는지, 어떻게 저녁 내내 난롯불만 바라보며 졸기만 하는 건지 이상한 일이라며 계속 놀려 댔습니다.

"넬리, 저 사람은 꼭 개나 짐마차 끄는 말 같지 않아? 매일 똑같이 일하고 먹고 잠만 자니 말이야."

그러고 나서 아씨는 헤어튼을 바라보았어요. 그러나 그는 입을 열려고도 하지 않고 쳐다보지도 않았습니다.

또 언젠가 아씨는 이런 말도 한 적이 있었어요.

"내가 부엌에 있으면 헤어튼이 왜 한 마디도 말을 안 하는지 나는 알

아. 내가 또 자기를 비웃을까 봐 그러는 거야. 넬리는 어떻게 생각해? 저 사람, 언젠가 읽기 공부를 혼자 시작했다가 내가 비웃는 바람에 책을 전부 태워 버리고 걷어치운 적이 있지. 진짜 어리석은 짓이야."

"아씨는 자신이 심한 행동을 하고 있다고 생각지 않으세요?"

제가 물었습니다.

"그럴지도 모르지. 하지만 나는 저 사람이 그렇게 바보 같은 짓을 할 줄은 상상도 못했거든. 헤어튼, 만약 지금 책을 준다면 받겠어요?"

아씨는 읽고 있던 책을 그에게 내밀었습니다. 그러나 그는 책을 내던지고, 조용히 있지 않으면 목을 부러뜨리겠다고 중얼거렸습니다.

"그럼 이걸 여기 서랍에다 넣어 두겠어요. 나는 이제 자러 가야지."

그러고 나서 아씨는 그가 책을 가져가는지 안 가져가는지 감시하라고 제게 귓속말로 이르고 부엌에서 나갔습니다.

그러나 헤어튼은 책을 거들떠보지도 않았습니다. 그래서 다음 날 아침 아씨에게 그대로 말했더니 매우 실망하는 눈치였습니다.

날씨가 좋은 날 저녁이면 헤어튼은 사냥하러 나가고, 아씨는 집 안에서 한숨만 쉬다가 저에게 얘기나 해 달라고 졸랐습니다. 그러나 막상 이야기를 시작하면 안뜰이나 정원으로 뛰어나가 버리곤 했습니다.

히스클리프는 점점 더 사람들과 어울리기를 싫어해서 헤어튼을 거실에서 내쫓다시피 했습니다. 그런데다가 3월 초에 사고가 나서, 헤어튼은 한동안 부엌에서만 지내게 되었습니다. 혼자 산에 사냥하러 나갔다가 총을 잘못 쏘아 팔에 상처를 입었는데, 집에 돌아오는 동안 피를 많이 흘렸습니다. 그래서 하는 수 없이 그 상처가 나을 때까지 난롯가에서 조용히 지내지 않을 수 없었습니다.

부활절 다음 월요일, 조지프는 소를 몰고 기머튼 장에 가고, 저는 부엌에서 열심히 빨래를 손질하고 있었습니다. 헤어튼은 여느 때와 다름없이 시무룩하니 난롯가에 앉아 있었습니다.

　캐시 아씨는 심심풀이로 유리창에다 그림을 그리며 시간을 보냈습니다. 그러다가 입 속으로 노래를 불러 보기도 하고 무어라고 조그만 소리로 중얼대기도 하다가는 답답하고 안타까운 듯이 도련님 쪽을 힐끔거렸습니다. 하지만 헤어튼은 움직이지도 않고 줄곧 담배를 피우면서 난롯불을 들여다볼 뿐이었습니다.

　"헤어튼, 나는 이제 알았어요. 당신이 그렇게 심술궂게 굴지만 않았다면 나는 당신이 내 사촌이 되기를 원했을 거라는 걸 말이에요."

　그래도 헤어튼은 아무 대꾸도 하지 않았습니다.

　"헤어튼, 이봐요, 헤어튼, 내 말 안 들려요?"

　아씨는 계속 말을 걸었습니다.

　"저리 가!"

　헤어튼은 무뚝뚝하게 소리쳤습니다.

　캐시 아씨는 얼굴을 찡그리고 입술을 깨물며 창가의 자기 자리로 돌아갔습니다. 그리고는 터져 나오는 울음을 감추느라고 콧노래를 부르기 시작했습니다.

　"헤어튼 도련님, 사촌끼리 다정하게 지내셔야죠. 아씨가 자기 잘못을 빌고 계시잖아요. 아씨와 친구가 되면 도련님에게 많은 도움이 될 거예요. 전혀 다른 사람이 되실 겁니다."

　보다 못해 제가 끼어들었습니다.

　"친구가 된다고? 저게 나를 싫어하고 또 나 같은 건 자기 신발을 닦을 자격도 없다고 무시하는데도 말인가!"

　헤어튼이 소리쳤습니다.

　"내가 당신을 싫어하는 것이 아니라 당신이 나를 싫어하는 거란 말이에요! 당신은 히스클리프 씨가 나를 미워하듯이, 아니 그보다 더 나를 미워하고 있잖아요."

캐시 아씨는 그만 울음을 터뜨렸습니다.

"그렇다면 내가 왜 네 편을 들어서 그렇게 그와 다투었겠니? 네가 나를 비웃고 업신여기는데도 말이야."

헤어튼이 말했습니다.

그 말에 아씨는 눈물을 닦았습니다.

"당신이 내 편을 들어준 줄은 정말 몰랐어요. 나는 나 자신이 초라한 생각이 들어서 누구에게나 냉정하게 굴었던 거예요. 하지만 이제는 당신을 고맙게 생각하고 있고, 날 용서해 주기를 빌고 있어요."

아씨는 난롯가로 다시 와서 헤어튼에게 손을 내밀었습니다.

헤어튼은 먹구름처럼 어두워진 얼굴을 찌푸리더니, 두 주먹을 꽉 쥐고 방바닥을 노려보았습니다. 그러자 캐시 아씨는 잠시 망설인 끝에 허리를 굽히고 헤어튼의 뺨에 얼른 키스를 했습니다.

그리고 아무 일도 없었던 것처럼 창가로 돌아와 조용히 앉았습니다. 제가 나무라듯 고개를 저었더니, 아씨는 얼굴을 붉히고 속삭였습니다.

"넬리, 하는 수 없잖아! 저이는 악수도 하지 않고 쳐다보려고도 하지 않으니 말이야. 어떻게든 내가 자기를 좋아하고, 친구가 되고 싶어한다는 걸 알려야 했거든."

그런 일이 일어난 다음 날 아침에도 헤어튼은 아직 전과 같이 일을 할 수 없었기 때문에 집에 남아 있었습니다.

아씨는 저보다 일찍 일어나 정원으로 나갔습니다. 거기서 사촌이 무엇인가 힘들지 않은 일을 하고 있는 것을 보고 있었습니다. 제가 아침 준비가 다 되었다고 두 사람을 부르러 갔더니, 아씨는 헤어튼을 졸라서 까치밥나무와 구즈베리가 무성하게 덤불진 곳을 쳐내어 널따란 화단을 만들게 했습니다.

저는 겨우 반 시간 동안에 그들이 저지른 일을 보고 무척 놀랐습니다. 검은 까치밥나무는 조지프가 가장 소중히 여기는 나무였는데, 아씨는 하필 그 가운데에다 화단을 만들어 놓았던 겁니다.

저는 놀라서 소리쳤습니다.

"저런! 조지프가 이걸 보면 모두 주인님께 일러바칠 텐데! 그리고 정원을 이렇게 마음대로 망가뜨린 데 대해서 뭐라고 변명하실 건가요?"

그러자 헤어튼은 난처한 표정을 지었습니다.

"저게 조지프 영감 것이란 사실을 깜빡 잊었어. 하지만 영감에게는 내가 했다고 말할게."

우리는 항상 히스클리프와 함께 식사를 했습니다. 저는 안주인을 대신해서 차도 따르고 고기도 자르곤 했으므로, 식탁에 없어선 안 될 존재였지요. 캐시 아씨는 언제나 내 곁에 앉곤 했었는데, 그 날은 어느 새 헤어튼 곁으로 가 앉았습니다.

아씨가 계속 장난을 걸었으므로, 그는 두어 번 웃음을 터뜨릴 뻔했습니다. 제가 눈살을 찌푸렸더니 캐시 아씨는 주인님 쪽을 흘끔 쳐다보았는데, 그는 함께 식탁에 앉아 있는 우리들과는 전혀 상관 없는 일에 열중하고 있는 듯한 얼굴이었습니다.

아씨는 잠시 심각하고 진지한 표정으로 히스클리프 씨를 바라보았으나, 이내 다시 돌아앉아 장난을 치기 시작했습니다. 드디어 헤어튼은 참았던 웃음을 터뜨리고 말았습니다.

히스클리프는 놀란 표정으로 우리 얼굴을 얼른 훑어보았습니다. 아씨는 주인님이 제일 싫어하는 그 날카롭고 도전적인 눈길로 그를 마주 쳐다보았습니다.

"네가 내 손이 닿지 않는 곳에 있는 걸 다행으로 알아라. 도대체 무슨 악마가 씌었기에 너는 늘 그 고약한 눈빛으로 나를 노려보는 거냐?

눈을 내려뜨지 못해! 그리고 다시는 꼼짝도 하지 마. 네 그 웃는 버릇은 고쳐 준 걸로 알았는데."

히스클리프가 소리쳤습니다.

"웃은 것은 저예요."

헤어튼이 조그맣게 말했습니다.

"너 뭐라고 했지?"

히스클리프가 물었습니다.

헤어튼은 그 말을 되풀이하지는 않았습니다.

히스클리프는 잠시 그를 쳐다보더니, 다시 식사를 계속하면서 멈추었던 생각에 빠졌습니다.

그 때 조지프가 입술을 떨며 사나운 눈초리로 문 앞에 나타났는데, 그가 아끼는 나무들을 쳐낸 사실을 알고 화가 난 게 분명했습니다.

"받을 돈이나 받고 이 집을 떠나야겠습니다. 60년을 살아온 이 댁에서 평생을 마칠 생각이었죠. 그런데 저 여자는 정원까지 내게서 빼앗아 갔으니, 정말이지 이제는 더 이상 참을 수 없습니다."

여기까지 말하고 영감은 소리 내어 울었습니다.

"이 영감이 취했나? 헤어튼, 영감이 너 때문에 저 야단이냐?"

히스클리프가 물었습니다.

"제가 까치밥나무를 두어 그루 뽑았지만, 다시 심어 놓을게요."

헤어튼이 대답했습니다.

"그런데 그걸 왜 뽑았지?"

주인님이 물었습니다.

이때 캐시 아씨가 재빠르게 끼어들었습니다.

"우리는 그 자리에다 화초를 심으려고 했어요. 모두 내 잘못이에요. 저이더러 그렇게 해 달라고 조른 것은 나니까요."

"도대체 누가 너더러 정원에 있는 막대기 하나라도 건드리라고 허락했느냐?"

히스클리프는 화가 나서 이렇게 묻더니, 헤어튼을 돌아보며 덧붙였습니다.

"그리고 누가 너더러 저 계집애 말을 들으라고 했지?"

헤어튼은 아무 말도 하지 못하고, 대신 캐시 아씨가 대답했습니다.

"당신은 내 땅을 전부 빼앗았잖아요! 그런데 내가 기껏 2,3미터의 땅에 화단을 꾸미겠다는데 그것이 아까워 투덜대다니, 말이 돼요?"

"네 땅이라니, 건방진 것 같으니! 네 땅이 어디 있었단 말이냐?"

히스클리프가 말했습니다.

"게다가 내 돈도 빼앗았지요."

아씨는 상대방의 성난 눈초리를 마주 노려보았습니다.

"입 닥쳐! 빨리 먹고 나가 버려!"

히스클리프가 소리쳤습니다.

그러나 캐시 아씨는 계속 말했습니다.

"그리고 헤어튼의 땅과 돈도 다 빼앗았죠. 이제 헤어튼과 나는 친구가 되었어요. 그러니 당신에 대한 애기를 모두 해 주겠어요!"

히스클리프는 잠시 어이없다는 표정을 짓더니, 이윽고 창백해진 얼굴로 일어나 증오의 눈빛으로 며느리를 노려보았습니다.

"만약 당신이 나를 때린다면 헤어튼이 가만 있지 않을 거예요."

"어서 끌고 나가지 못해! 뭘 아직도 어물어물하고 있어!"

히스클리프가 으르렁거리며 소리쳤습니다.

그러더니 자기가 직접 끌어 내리려고 아씨에게 다가왔습니다.

"이제 헤어튼은 당신 말 따위는 듣지 않을 거야! 그리고 헤어튼도 나만큼 당신을 미워하게 될걸."

"그만둬! 그만두라구! 그러면 못써. 그만둬."

헤어튼이 꾸짖듯 말했습니다.

히스클리프는 아씨를 향해 애써 가라앉은 듯한 목소리로 말했습니다.

"내 화를 돋우지 않도록 조심해라. 안 그러면 언젠가 내가 너를 죽이게 될 테니까. 딘 부인과 같이 나가 있어."

저는 아씨를 데리고 밖으로 나왔습니다. 헤어튼도 그 뒤를 쫓아 나왔습니다.

복수의 끝

며칠 뒤, 헤어튼과 캐시는 거실에서 공부를 하고 있었습니다.

해가 저물고 어둠과 함께 히스클리프가 돌아왔습니다. 현관문으로 슬그머니 들어왔기 때문에 그가 돌아온 것을 아무도 눈치채지 못했습니다. 인기척을 느끼고 고개를 들었을 때, 그는 벌써 우리 세 사람을 우두커니 내려다보고 서 있었습니다.

두 사람은 동시에 고개를 들어 히스클리프를 바라보았습니다.

그는 헤어튼의 손에 든 책을 빼앗아 펼쳐진 책장을 훑어보더니, 그냥 돌려 주고 캐시 아씨에게 나가라는 손짓을 했습니다. 헤어튼은 금방 아씨의 뒤를 따라나가고, 저도 나가려고 하는데 그냥 앉아 있으라고 하더군요.

그는 방금 보았던 광경을 잠깐 생각해 보는 듯하더니 말했습니다.

"비참하군. 애써 노력한 일의 결과가 이렇게 우습게 되었으니 말이야. 나는 지뢰와 곡괭이를 들고 두 집안을 쑥밭으로 만들려고 했는데, 막상 내 마음대로 할 수 있게 되자 어느 쪽 집에서도 기와 한 장 들어낼 마음이 없으니 말이야! 넬리, 내게는 묘한 변화가 일어나고 있어.

나는 나날의 생활에 통 흥미가 없어져서 먹고 마시는 것조차 귀찮을 정도야. 캐시에 대해서는 아무 말도 하지 않겠네. 떠올리는 것조차 싫으니까. 그 애가 내 눈앞에 보이지 않았으면 정말 좋겠어. 그 얼굴만 보아도 미칠 것 같으니. 그런데 헤어튼에게서 느끼는 기분은 좀 달라. 5분 전에 본 헤어튼은 내 젊은 시절을 생각나게 했지. 그 녀석이 어찌나 제 고모를 닮았는지, 그 얼굴을 보면 캐서린을 떠올리게 된다네. 사실 어느 것 하나 그녀를 떠오르게 하지 않는 것이 있어야 말이지. 이 밑을 내려다보기만 해도 깔린 돌마다 그녀의 모습이 어른거려. 구름마다, 나무마다, 밤이면 온통 하늘에, 낮이면 눈에 보이는 물건마다 어른거리는 그녀의 모습에 휩싸여 지낸다네. 너무 끔찍해!"

"어디 아프지는 않으세요?"

제가 물어 보았습니다.

"아니, 아픈 데는 없어."

"그럼 죽게 될까 봐 무서우세요?"

"죽음이 무섭냐고? 천만에! 하나도 무섭지 않아. 그렇다고 쉽게 죽을 것 같지도 않아."

그날 저녁 이후로 며칠 동안 히스클리프는 식사 때 우리와 만나는 것을 피했습니다. 그는 이제 하루 한 끼로도 충분한 듯 식사조차도 제대로 하지 않았습니다.

그러더니 밤마다 혼자 벌판을 헤매 다니고, 캐서린의 무덤 근처를 서성거렸습니다. 그런 그의 모습이 자주 마을 사람들의 눈에 띄었습니다.

어느 날 밤, 저는 식구들이 모두 잠든 후 그가 아래층으로 내려와서 현관으로 나가는 소리를 들었습니다.

그러나 다시 들어오는 소리는 듣지 못했지요. 아침에 일어나 보니 그때까지 들어오지 않았더군요.

때는 4월이어서 날씨는 맑고 따뜻했으며, 남쪽 담장 근처에 있는 키 작은 두 그루의 사과나무에는 꽃이 활짝 피었습니다.

아침 식사가 끝나자, 캐시 아씨는 저에게 의자를 가지고 나가서 집모퉁이에 있는 전나무 밑에 앉아서 일을 하라고 졸랐습니다. 그리고 상처가 완전히 아문 헤어튼을 꾀어 자기의 꽃밭을 파고 손질하도록 만들었습니다. 조지프가 투덜대는 바람에 꽃밭을 그쪽 모퉁이로 옮겼던 것입니다.

아름답고 상쾌한 푸른 하늘 아래 앉아 사방에서 풍기는 봄향기를 만끽하고 있는데, 꽃밭 가장자리에 심을 앵초 뿌리를 가지러 대문께로 뛰어내려갔던 아씨가 돌아와서 히스클리프가 돌아온다고 알렸습니다.

히스클리프는 열린 문 옆에 서 있었는데, 창백한 얼굴로 몸을 부들부들 떨고 있었습니다.

그런데 그 두 눈은 묘한 기쁨으로 반짝거렸고, 그래서인지 얼굴 전체의 모습이 전혀 달라 보였습니다.

"아침 식사 하셔야지요. 밤새도록 돌아다녔으니 시장하실 텐데요."

제가 말했습니다. 저는 그가 어딜 갔다 왔는지 궁금했지만, 직접 묻고 싶지는 않았습니다.

"아니, 배고프지 않아."

그는 무시하는 듯한 태도로 얼굴을 돌린 채 대답했습니다. 자기가 기분 좋아하는 이유를 알고 싶어하는 제 마음을 눈치채기라도 한 것처럼 말입니다. 저는 잠시 주저했습니다. 충고를 하기에 적당한 기회인지 아닌지 알 수 없었으니까요.

"밤에 주무시지 않고 나가 돌아다니는 것은 좋지 않을 텐데요. 하여튼 이런 습한 계절에는 좋지 않아요. 잘못하면 감기에 걸리거나 열병을 앓게 돼요. 무슨 일이 있으신가요?"

내 말에 그는 고개를 저었습니다.

"뭐, 아무것도 아니야. 어서 들어가게, 귀찮게 하지 말고."

그는 그날 오후에는 밖으로 나가지 않았고, 아무도 그를 방해하지 않았습니다.

그러나 8시가 되자, 저는 그가 부르지는 않았지만 촛불과 저녁 식사를 가지고 가 보는 것이 좋겠다는 생각이 들었습니다.

그는 열려 있는 창가에 기대어 서 있었는데, 밖을 내다보는 것이 아니라 캄캄한 방 쪽으로 얼굴을 향하고 있더군요. 난로의 장작은 다 타서 재가 되어 버렸고, 방 안에는 흐린 날 밤의 습하고 후텁지근한 공기가 꽉 차 있었습니다.

어찌나 조용한지 기머튼 골짜기를 흐르는 물소리가 아주 또렷하게 들렸는데, 자갈이나 커다란 바위에 부딪혀 콸콸 흐르는 소리까지 정확하게 구별할 수 있었습니다.

저는 불이 꺼진 난로를 보고 투덜거리며 창문을 하나하나 닫아 나가다가, 드디어 그가 서 있는 창가에 이르렀습니다.

"이 문도 닫을까요?"

저는 정신이 들게 할 생각으로 물었습니다. 그는 꼼짝도 하지 않고 서 있었으니까요.

그런 말을 했을 때, 갑자기 촛불에 그의 얼굴이 드러났습니다. 아아, 록우드 씨, 그 얼굴을 훔쳐 본 순간 저는 어찌나 놀랐는지 모릅니다! 움푹 팬 까만 두 눈, 그 미소와 소름이 오싹 끼칠 만큼 창백한 얼굴! 그건 히스클리프가 아니라 악마였습니다.

저는 너무 무서워서 그만 촛불을 벽 쪽으로 기울였습니다. 그 바람에 불이 꺼져 사방이 캄캄해졌습니다.

순간, 귀에 익은 목소리가 들렸습니다.

"그래, 닿아. 바보처럼 왜 촛불을 옆으로 기울이고 야단이야? 빨리 다른 것을 가져오게."

저는 정말 바보같이 놀라 밖으로 뛰어나가서 조지프를 찾아 이렇게 말했습니다.

"주인님이 영감더러 난로에 불을 지피라고 하셨어요."

전 도저히 그 방에 다시 들어갈 용기가 없었거든요.

조지프는 덜컹거리며 삽에 불씨를 담아 가지고 나가더니, 곧 그것을 가지고 돌아왔습니다. 그런데 다른 손에는 저녁상까지 들고 있었습니다.

히스클리프는 잠자리에 들려는 중이며, 다음 날 아침까지는 아무것도 먹고 싶지 않다더라고 전했습니다.

얼마 지나지 않아서 히스클리프가 계단을 올라가는 소리가 들렸습니다. 그는 여느 때 쓰던 침실로 들어가지 않고 판자문이 달린 침대가 있는 방으로 들어갔습니다. 그 방의 창문은 누구나 드나들 수 있을 정도로 넓습니다. 그래서 저는 그가 아무도 모르게 또 한밤중의 산책을 준비하고 있구나 하고 생각했습니다.

날이 새자 저는 뜰로 내려가서 그의 방 창문 아래 발자국이 있는지 확인해 보았습니다만, 아무 흔적도 없더군요.

'집에 있었군. 그럼 오늘은 아무 일도 없겠구나.'

저는 다른 때와 다름없이 식구들의 아침 식사를 준비했습니다. 그리고 헤어튼과 아씨에게 주인님은 늦게 일어나실 테니 먼저 아침 식사를 하라고 일렀습니다.

그들은 뜰의 나무 밑에서 아침 식사를 하고 싶어했으므로, 저는 작은 탁자 하나를 내다 주었습니다.

그리고 나서 집 안에 들어가 보니, 히스클리프가 내려와 있었습니다.

조지프와 농장 일에 관해 의논하고 있었습니다. 그런데 말이 빠르고 고개를 줄곧 옆으로 돌리고 있는 것이 여전히 흥분된 표정이었습니다. 아니, 한층 더 심해 보였습니다.

조지프가 방에서 나가자 그는 항상 앉는 자리에 가서 앉았고, 저는 그의 앞에 커피잔을 내려놓았습니다. 그는 커피잔을 가까이 당기더니 두 팔을 탁자에 괴었습니다. 맞은편 벽을 쳐다보는 것 같았는데, 번쩍이는 초조한 눈빛으로 거의 30초 동안 숨을 죽인 채 어느 한 곳을 뚫어지게 쳐다보고 있었습니다.

"제발 그만 하고 드세요. 식탁을 차린 지 한 시간이 지났습니다."

저는 빵을 그의 손에 닿을 만큼 가깝게 밀어 주었습니다.

그는 저를 보지도 않고 미소를 지었습니다.

저는 그가 그렇게 미소짓는 것보다는 차라리 화를 내는 것이 더 나을 것 같았습니다.

그토록 오랫동안 음식을 먹지 않으면 어떻게 하느냐고 말했지만 소용이 없었습니다. 제 간청에 못 이겨 음식에 손을 대려고 하면, 가령 빵 한 조각을 집으려고 손을 내밀면, 채 그것을 집기도 전에 손가락이 굳어지며 무엇을 하려 했는지도 잊고 식탁 위에 그대로 멈춰 버리는 것이었습니다.

결국 그는 화를 버럭 내며 일어서더니, 왜 원하는 시간에 식사를 하게 내버려 두지 않느냐고 하면서 저더러 다음부터는 시중도 들 것 없으니 상만 차려 놓고 나가도 좋다고 했습니다. 그러고 나서 그는 천천히 정원 길로 내려가 대문 밖으로 사라져 버렸습니다.

불안한 가운데 시간이 흘러 다시 밤이 되었습니다. 저는 자리에 누운 후에도 잠을 이룰 수가 없었습니다.

그는 자정이 지나서 돌아왔습니다. 그런데 침실로 가지 않고 아래층

방으로 들어갔습니다.

저는 아래층에서 나는 소리에 귀를 기울이다가, 옷을 주워 입고 아래로 내려갔습니다. 이런저런 쓸데없는 걱정으로 골머리가 아파서 자리에 누워 있자니 도저히 견딜 수가 없었던 것입니다.

초조하게 방 안을 서성거리는 히스클리프의 발소리가 들렸습니다. 그리고 신음 소리와 같은 한숨이 한밤의 고요함을 깨뜨렸습니다. 그는 또 드문드문 무슨 말을 중얼거렸는데, 그 중에서 제가 알아들을 수 있는 말은 단지 캐서린이라는 이름뿐이었습니다.

어느 날, 어두워지자 히스클리프는 자기 방으로 들어갔습니다. 밤새도록, 그리고 이튿날 아침 늦도록 그가 신음 소리를 내며 혼자 중얼거리는 소리가 들려왔습니다.

헤어튼은 몹시 들어가 보고 싶어했지만, 저는 케네스 선생을 모셔다가 들어가 보도록 해야 한다고 말했습니다.

케네스 선생이 왔기에 들어가도 좋으냐고 하면서 문을 열려고 했으나, 문이 열리지 않았습니다. 히스클리프는 우리에게 꺼져 버리라고 소리를 질렀습니다. 이제 나았으니 혼자 있게 내버려 두어 달라는 것이었습니다. 그래서 의사는 돌아갔습니다.

다음 날 저녁에는 비가 많이 내렸습니다. 하여튼 날이 샐 무렵까지 퍼부었으니까요. 제가 아침 산책을 하며 집 주위를 둘러보니, 히스클리프 방의 창문이 열린 채 있었습니다.

'저래 가지고는 비에 흠뻑 젖었을 테니, 아직 잠자리에 누워 있는 건 아닐 거야. 일어나 있거나 밖에 나갔겠지.'

혹시나 하는 생각에 다른 열쇠로 방문을 열고 들어가 보았습니다. 침대에 달린 판자문을 열고 들여다보니, 히스클리프가 천장을 보고 반듯이 누워 있었습니다. 그의 눈이 어찌나 날카롭고 사나운지 소름이 끼치더군요. 그러면서도 미소를 짓고 있는 것처럼 보였습니다.

저는 그가 죽었다고는 생각되지 않았습니다. 그러나 그는 얼굴과 목이 비에 씻기고 이불이 흠뻑 젖어 버렸는데도 움직이지 않고 가만히 있었습니다. 창문이 덜컹거리는 바람에 창틀 위에 놓인 한쪽 손의 껍질이 벗겨졌으나, 상처에서는 피 한 방울 나지 않았지요. 그 손을 만져 보고 나니 의심의 여지가 없었습니다. 그는 죽어서 이미 빳빳하게 굳어 있었습니다.

저는 더럭 겁이 나서 소리쳐 조지프를 불렀습니다.

저는 거의 넋이 나간 채 가슴이 미어지도록 서글픈 마음으로 어쩔 수 없이 옛날을 더듬어 보았습니다. 그러나 가엾게도 진정으로 슬퍼하는 사람은 히스클리프에게서 가장 심한 학대를 받은 헤어튼 한 사람뿐이었습니다. 그는 밤새도록 시체 옆에 앉아서 복받치는 슬픔을 참지 못하고 울었습니다. 그는 시체의 손을 잡고, 모두가 보기조차 꺼리는 비웃는 것 같은 험악한 얼굴에 키스를 하면서 그의 죽음을 슬퍼했습니다.

우리는 생전에 그가 바라던 대로 장례를 치렀습니다.

헤어튼과 저, 그리고 묘지기와 시신을 옮기는 여섯 사람이 장례에 참석한 사람 전부였습니다. 여섯 사람의 인부는 구덩이에 관을 내려놓고 가 버리고, 우리는 관 위에 흙 덮는 것을 지켜보았습니다. 헤어튼은 눈물을 하염없이 흘리며 푸른 떼를 떠다가 누런 무덤 위에 덮었습니다. 그래서 지금은 그 옆 아씨 내외분의 무덤과 똑같이 그의 무덤에도 부드러운 잔디가 파랗게 덮여 있습니다.

그 속에 누워 있는 분도 평안히 잠들기를 빕니다.

혹 록우드 씨가 이 고장 사람들에게 물으신다면, 그들은 히스클리프의 유령이 떠돈다고 대답할 거예요. 교회 근처에서 그의 유령을 만났다

는 사람도 있고, 들판에서 보았다는 사람, 심지어는 이 집에서조차 보았다는 사람이 있습니다.

그런데 부엌의 화덕 옆에 앉은 저 영감은 그가 죽은 후로 늘 비오는 날 밤마다 그가 쓰던 침실 문으로 두 유령이 내다보는 것을 보았다고 우긴답니다.

저 역시 지금은 어둡기만 하면 밖에 나가기가 무섭습니다. 그리고 이 음산한 집 안에 혼자 남아 있는 것도 싫구요. 어서 드러시크로스 저택으로 옮겨 갔으면 좋겠어요.

"그럼 젊은이들은 그리로 이사 갈 작정인가요?"
내가 물었다.
"네. 두 분이 결혼하면 곧 이사 갈 생각이에요. 아마 정월 초하루가 될 겁니다."
"이사 가고 나면 이 집에는 누가 살죠?"
"그야 조지프가 이 집을 돌보게 되겠지요. 벗삼아 젊은이도 하나쯤 있어야겠지요. 그런데 그들도 부엌에서 지내게 될 테니까, 나머지 방들은 모두 잠가 버릴 겁니다."
"그 방에서 살고 싶은 유령들이나 쓰라는 거군요."
내 말에 넬리는 고개를 가로저었다.
"아닙니다, 록우드 씨. 돌아가신 분들은 고이 잠드셨을 거예요. 그분들에 대해서 경솔하게 말하는 것은 옳지 못하다고 생각해요."
바로 그 때 문이 열리고 산책하러 나갔던 젊은이들이 돌아왔다.
"저 두 사람은 무서울 게 없겠군. 저 사람들 둘이라면 악마와 그 군사도 무찌르겠는데."
나는 두 사람이 다가오는 것을 창문 너머로 바라보면서 말했다.

그들이 문 앞 디딤돌 위에 올라서서 마지막으로 달을 보기 위해 섰을 때, 나는 올 때와 마찬가지로 다시 그들의 눈에 띄지 않게 피해 가야겠다고 생각했다.

나는 딘 부인의 손에 돈 몇 푼을 정표로 쥐어 주고는, 나의 그런 실례를 나무라는 그녀의 말을 못 들은 척하고 젊은이들이 거실 문을 여는 것과 동시에 부엌으로 해서 빠져 나왔다.

작품 알아보기
(장편문학)

〈폭풍의 언덕〉은 에밀리 브론테의 처음이자 마지막 장편 소설로, 그녀의 고향인 영국 요크셔 지방의 하워스 풍경이 그대로 녹아 있다.

에밀리 브론테는 이 작품에서 그곳의 황량하고 음울한 황야의 사계절을 생생하게 그려 보였다. 작품 전체에 흐르는 광기에 가까우리만큼 강렬하고 자유 분방한 분위기는 바로 이 처절하도록 야성적인 황야에 연유하고 있다.

이 작품의 이야기는 1771년 무렵에서부터 시작된다. 언쇼 씨에게는 힌들리와 캐서린이라는 두 아이가 있었지만, 히스클리프라는 고아를 데려와 함께 키운다. 히스클리프는 힌들리에게 학대받는 반면 캐서린에게는 사랑을 느끼는데, 그에게는 에드거 린튼이라는 연적이 있다. 히스클리프는 계속되는 힌들리의 학대와 캐서린과 에드거의 결혼으로 절망한 나머지 결국 가출을 한다. 그로부터 6, 7년 뒤 부자가 되어 폭풍의 언덕에 나타난 그는 복수를 감행하기 시작한다.

먼저 그를 학대한 힌들리를 방탕아로 만들고, 에드거의 여동생 이사벨라와 의도적으로 결혼하여 그녀를 학대한다. 반면 캐서린과는 재회하여 옛 사랑을 확인하지만 캐서린은 에드거의 아

이를 낳은 후 그만 죽고 만다. 하지만 그녀의 죽음에도 히스클리프의 사랑은 식을 줄 모른다. 이후 캐서린의 딸 캐서린(딸)은 히스클리프의 아들 린튼과 결혼하지만 몸이 약한 린튼은 금방 죽고 만다. 미망인이 된 캐서린은 힌들리의 아들 헤이튼과 사랑하는 사이가 되고 이야기는 여기서 끝이 난다.

이 소설은 근원적이며 보편적인 인간의 정열이 모욕을 받은 이후로, 미쳐 날뛰는 복수와 증오로 변하는 사랑 이야기이다. 히스클리프를 비롯한 캐서린 등 여러 인물들의 광기와 격렬한 감정은 사실 지극히 현실적이며 인간적인 모습이다. 그러면서 이미 삶과 죽음, 선과 악, 감정과 이성 등 인간 세상의 모든 척도를 넘어서고 있기도 하다.

이런 인간의 모습은 앞서 말한 자연과 일체가 되어, 변화해 가는 자연의 모습이 등장 인물의 행위와 완전한 조화를 이루고 있다.

논술 길잡이
(장편문학)

❶ 아래 그림은 린튼 집안에 머물다 돌아온 캐서린이 깔끔하고
멋진 숙녀가 되어 나타나는 장면이다. 이것을 본 히스클리
프는 구석으로 숨어 버리는데, 히스클리프가 왜 그랬을까에
대한 자신의 생각을 글로 써 보자.

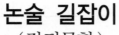

논술 길잡이
(장편문학)

❷ 다음은 록우드의 '워더링 하이츠'에 대한 첫인상을 묘사한 것이다. 이 글을 읽고 떠오르는 느낌을 그림으로 표현해 보자.

히스클리프는 '워더링 하이츠 (폭풍의 언덕)'라고 불리는 저택에 살고 있었다. 이름에 걸맞게 그 집은 높은 지대에 있어서 사철 지독한 바람이 불어 대는 모양이었다. 집 옆에 몇 그루의 전나무가 자라지도 못하고 심하게 휜 것이나, 앙상한 가시나무가 가지를 모두 한쪽 방향으로 뻗고 있는 것으로 보아, 등성이 너머에서 불어오는 북풍이 얼마나 드센가 짐작할 수 있었다.

논술 길잡이
(장편문학)

❸ 히스클리프는 어떻게 해서 캐서린 언쇼 집안에서 살게 되었
는지, 또 어떤 대우를 받았는지 본문에서 찾아 써 보자.

----

❹ 히스클리프가 사랑하지도 않는 이사벨라와 결혼한 이유는
무엇인지 써 보자.

논술 길잡이
(장편문학)

❺ 아래 그림은 캐서린과 히스클리프가 만나고 있는 순간, 예배를 마치고 돌아온 에드거가 방 안으로 들어오는 장면이다. 이 때의 등장 인물들, 즉 캐서린, 히스클리프, 에드거, 넬리의 심정을 써 보도록 하자.

....

....

....

....

논술 길잡이
(장편문학)

❻ 다음 등장 인물들의 말과 행동을 통하여 각자의 성격을 파악해 보고, 그 근거를 찾아 써 보자.

등장 인물	성 격	근거(말이나 행동)
캐 서 린		
에 드 거		
히스클리프		
이사벨라		
힌 들 리		

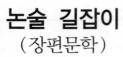

논술 길잡이
(장편문학)

❼ 만약 내가 학대받는 히스클리프였다면 어떻게 했을까를 히스클리프에게 보내는 편지 형식으로 써 보자.

....

....

....

....

❽ 〈폭풍의 언덕〉은 사랑과 복수라는 두 줄기로 이루어져 있다. 히스클리프의 복수의 동기와 그 방법, 그리고 복수의 결말에 대해 써 보자.

....

....

....

....

....

논·술·세·계·대·표·문·학 〈전60권〉

펴 낸 이   정재상
펴 낸 곳   훈민출판사
주   소   경기도 고양시 덕양구 원당동 416번지
대 표 전 화   (031)962-3888
팩   스   (031)962-9998
출 판 등 록   제395-2003-000042호

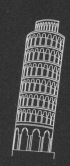